"十四五"职业教育部委级规划教材

新媒体时代的
服装色彩营销

李 填　周志德　编著

XINMEITI SHIDAI DE
FUZHUANG SECAI YINGXIAO

中国纺织出版社有限公司

内 容 提 要

本书以新媒体时代的时尚产业趋势为研究背景，结合消费者需求和色彩基础等理论知识，详细阐述了色彩对消费者心理和行为的影响，以及色彩在产品的企划、设计和市场营销中的重要作用。书中列举了大量的色彩营销案例，并通过这些不同品牌的典型案例研究，与读者分享服装色彩营销战略中的创意来源、设计过程以及服装色彩营销的方法和效果等经验。

本书内容涉及领域广泛，可读性强，可以为服装设计、色彩营销、广告设计、平面设计等相关从业人员提供理论与实际相结合的系统性参考和借鉴。

图书在版编目（CIP）数据

新媒体时代的服装色彩营销 / 李填，周志德编著
. -- 北京：中国纺织出版社有限公司，2022.11
"十四五"职业教育部委级规划教材
ISBN 978-7-5229-0015-5

Ⅰ.①新… Ⅱ.①李… ②周… Ⅲ.①服装色彩—市场营销学—职业教育—教材 Ⅳ.①F768.3

中国版本图书馆 CIP 数据核字（2022）第 204084 号

责任编辑：李春奕　施　琦　　责任校对：楼旭红
责任印制：王艳丽

中国纺织出版社有限公司出版发行
地址：北京市朝阳区百子湾东里 A407 号楼　邮政编码：100124
销售电话：010—67004422　传真：010—87155801
http://www.c-textilep.com
中国纺织出版社天猫旗舰店
官方微博 http://weibo.com/2119887771
天津千鹤文化传播有限公司印刷　各地新华书店经销
2022 年 11 月第 1 版第 1 次印刷
开本：787×1092　1/16　印张：9.5
字数：130 千字　定价：69.80 元

前言
PREFACE

进入21世纪后，随着信息经济的不断发展，数字化产业逐渐成为主导信息文化和艺术知识等传播的新型产业形式。相较于传统媒体，新媒体是使用数字、网络等技能，通过互联网、卫星等渠道以及计算机、手机等终端，向用户供给信息和文娱服务的传达形式和媒体形式，因此新媒体时代也称为"数字化媒体时代"。

自古以来，色彩一直伴随着人类文化的发展而发展，进入21世纪以来，大众媒体由纸媒时代到影像时代的发展转变，无论电视媒体、平面媒体还是网络媒体，色彩在衣食住行各方面均产生了广泛的社会性影响，尤其对于服装企业或服装品牌而言，人们会越来越重视色彩在新时代中的应用。色彩是21世纪具有高附加值的软条件之一，也是从市场效益出发最具实效的营销手段，色彩营销在企业竞争中已处于核心地位。

本书是基于上述理念，结合新媒体时代背景、色彩相关理论基础、消费者需求研究以及相关案例，共同探讨色彩在服装商品营销中的重要性。本书案例所涉及的领域十分广泛，涵盖了服装设计、室内设计、工业设计、产品设计等。同时也为读者提供了企业经营者们在塑造企业品牌形象、设计宣传产品时在色彩运用方面的一些创意和思路。

笔者希望通过本书的内容，与读者一起分享服装色彩营销战略中的创意过程、设计过程、色彩营销的方法和效果等成功经验，让更多的读者能够更加重视"色彩营销"和"色彩设计"，唤起社会层面对色彩的认识，使色彩在提升人们生活质量、提升企业竞争力方面发挥更加巨大的作用。

本书在撰写的过程中，得到了广州市工贸技师学院和上海元彩科技有限公司领导的大力支持，得到了COLORO色彩全球研发中心趋势专家王刘莹女士的全程指导，在此一并感谢。由于作者水平有限，对于书中存在的问题和不足恳请读者批评指正。

编著者

2022年9月5日

目录

CONTENTS

第一章

新媒体时代时尚
趋势洞察

1

新媒体时代，信息的传播途径发生了巨大的变化，人们获取信息的方式发生了变革，市场信息也出现多样化、个性化等不同的需求特征，这样的背景对时尚产业从业人员既提出了挑战，又提供了机遇。

一、新媒体时代消费特征

新媒体对传统的消费行为与消费观念有着巨大的冲击，新媒体时代消费的最大特点在于消费者主导消费市场，追求个性化、时尚化、效益与效率化的理性消费者拥有比过去更大的选择自由。消费者之所以选择新媒体平台进行消费，其中心理因素是主要动因。群体的理性选择将消费的发展趋向推到一个新的境界，形成了富有自身特征的网络消费时代。

时代的发展使消费也随之变化，千变万化的形势，需要与之相适应的市场营销策略，本小节主要对新媒体时代消费中一些有代表性的特点展开介绍。

（一）社交媒体化

1. 社交互联网时代

随着媒体去中心化的改变，信息从中心传播变为社交分享，新媒体时代社交媒体的分享模式，以口碑裂变的速度传播，裂变到一定程度会产生巨大的营销效果。

随着社交用户数量的激增和线上激烈的讨论，加速了社交媒体时代的到来，未来社交网络空间会注重经过验证的信息来源、教育和人性化故事。

据统计，目前全球有46.2亿社交媒体用户，社交媒体用户数量在稳步增长，平均每秒钟就有13名新用户开始使用社交媒体。

2. 社交信息过载

我们身处一个信息爆炸的时代，从看书看报，到看直播、刷微博、看短视频，信息的体量越发庞大，信息呈现的形式越发丰富。人们在享受信息便捷获取满足感的同时，也会因信息过载而感到焦虑。

进入信息化时代，人们开始依赖社交平台来获取信息和娱乐，社交应用激增。很多言论未经验证就已经被分享出去、广泛传播，在这个过程里可能会误导大众认知。

当下人们获取信息渠道的方式越来越多元，而人们接受信息的能力有限，从而导致了社交信息生产过剩的社会现状。

3. 新媒体营销

如果说传统营销是工业社会的营销模式，那么新媒体营销就是社交互联网时代的营销体系。新媒体营销是指利用新媒体平台进行营销的方式，在互联网带来巨大革新的时代，营销方式也带来变革，沟通性、差异性、创造性、关联性、体验性的互联网已经进入新媒体传播时代。

通常来说，新媒体营销分为五种形式，分别是：社交类、自媒体类、音频类、短视频类和直播类。无论是个人还是中小微企业，都可以通过自媒体平台进行网络销售，以软文推送或以视频作品展现的方式，打造品牌的知名度，实现吸引客户的终极目的。

（二）触点多样化

1. 新媒体触点建设

触点就是企业与用户之间的接触点，是用户运营的抓手。随着移动互联网时代的到来，企业寻找客户的方式也发生了翻天覆地的变化。

过去传统营销思路大多是采用广播的形式占据主流媒体，向潜在客户宣传自己的产品和服务。而现在更多的企业开始运用新媒体方式寻找客户，客户来源的渠道和过去发生了巨大的变化。

搜索引擎、网站、邮件、短信、APP等方式让企业与潜在客户的接触点变得越来越丰富，同时也是整合多渠道客户资源的有效工具。

在新媒体时代，企业在营销的过程中一定要了解目标受众的网络触点与内容，整合不同的平台，充分对破碎化的触点与离散的用户眼球进行覆盖，才能更好地与消费者互动。

2. 触点场景化

在新媒体时代，企业更需要与用户"全场景触达"，场景化的价值就是"场景造需，唤醒消费"。场景造需不是空洞的，是需要触点传递场景、激发需求，同时要创造条件，把触点场景化。

产品的场景化设计是互联网思维的核心，重点是优化触点和增加触点的场景化思维。围绕用户的线上线下场景，得到很多触点，从而分析优化每个触点的体验，持续迭代更新。

某品牌饮料的用户画像，可能是"解渴类用户""解馋类用户"和"解压类用户"，对应到的场景可能就是"户外""餐馆""家庭和办公室"等。通过调研和销售数据分析，就可以知道哪类用户最多，对应在哪些场景购买、还可以在哪些场景增加触点以提升购买率。

例如，某品牌饮料的新年广告，其目标用户就是春节期间在家庭场景中的"解馋类用户"，对应的消费场景就是"家庭和办公室"，通过广告场景化模拟，更能让客户切身体会产品的吸引力。

（三）用户数据化

1. 数字化个人空间

未来，技术无处不在，各式各样的设备和虚拟环境容易让人不知所措。品牌方需要学习如何尊重消费者的数字个人空间，包括网上的社交距离、隐私和知识产权保护等。

随着消费者将工作、学习、健康、娱乐等生活的方方面面融入虚拟世界，其在现实生活中的状态将重塑对线上生活的新期望。人们对数字个人空间、数据隐私以及对自身的数字创作和财产所有权的重视，也将给品牌和公司带来更大的挑战。

2. 数字化产业建设

所谓数字化建设，包含前端供应链数字化、生产运营数字化、各部门数据数字化、营销数字化等。对企业而言，最重要的指标之一便是产品的销量，消费者是否愿意为产品买单。

品牌商与消费者之间最近、最直接的沟通桥梁其实就是商品本身，营销数字化的成果是立竿见影的，企业可以在相对短的时间内看到数字化转型带来的效果。营销数字化也成为大部分企业数字化建设试水的最佳选择。

在数字化产业建设完成后，客户的各种消费行为都会被互联网采集并且整理成为数据，而企业就可以根据这种数据，利用人工智能和大数据，从而预测用户的行为，进而有针对性地采取销售措施。

3. 数字化精准营销

企业可以通过数字技术，完成对客户服务全过程中的数据采集与分析，形成更加完整的用户画像，为企业获取忠实用户、扩大用户群体、进行精准投放提供有效帮助。

根据市场调查机构欧睿国际统计显示，2022年羽绒服产品零售渠道销售额排名中，波司登羽绒服规模全球第一，其销售额、销售量同时位列第一。从电商平台的搜索统计，到门店消费者调研的反馈，波司登通过对线上线下数据的转换和分析，以"数字化"的眼光洞悉市场全局，对接客户需求，这也为设计团队带来海量设计灵感。

二、未来时尚产业趋势概述

（一）环保与创新

1. 原材料创新

（1）新型纤维素纤维

莱赛尔纤维也称"天丝绒"，以天然植物纤维为原料，于20世纪90年代中期问世，被誉为近半个世纪以来人造纤维史上最具价值的产品。其兼具天然纤维和合成纤维的多种优良性能，莱赛尔是绿色纤维，其原料是自然界中取之不尽、用之不竭的纤维素，生产过程无化学反应，所用溶剂无毒。

莱赛尔纤维是一种优良的纺织、服装原材料，于20世纪90年代中后期在欧美兴起。它不仅具有天然棉花纤维的舒适、手感好、易染色等特点，还具有传统黏胶纤维所不具备的环保优点。

（2）环保纱线

随着人们对环保的日益重视，服装品牌将继续探索生产与环保的结合方式。从动植物纤维到智能合成材料，对环境影响较小的针织产品更加受到重视。回收棉纱、动物纤维等天然纤维为原生棉生产提供了环保可持续发展途径，适用于柔软质感的平纹针织品类，配色强调天然感，未染色纱线自带环保效果，从而将生产对环境的影响最小化。

其中，比较有代表性的意大利纱线公司Marchi&Fildi宣称已经开发出"新一代"的环保棉纱，该产品是100%由先染棉纺品生产过程中产生的棉屑回收所制成，能减少水耗、温室气体排放及能源消耗。

（3）有机棉

棉是一种珍贵资源，每年世界的棉产量高达2000万吨，以常规方式种植的棉需耗费巨大的水量、化学物质和杀虫剂，会破坏生态系统，更损害工人健康，但若是以有机耕作的方式种植棉，不仅能带来高产量和高品质的棉料，还有利于环保。因此，现在逐渐有更多品牌和制造商尝试以有机耕作的方式种植棉，或选择有机棉替代传统棉。

People Tree、Filippa K等品牌致力于采购100%可持续棉，所制作的服装只使用经过认证的有机棉，它们致力于扩大环保理念的社会影响，做可持续的企业以引领环保趋势。

（4）塑料重生

进入21世纪以来，塑料制品被大量应用，而塑料材料不能像其他有机物一样直接回归自然，对环境造成了不容小觑的污染，白色污染已成为人们日益关注的重点问题。

2021年1月1日，我国史上最严禁塑令正式生效。根据国家发展改革委、生态环境部联合发布的《关于进一步加强塑料污染治理的意见》，全国餐饮行业禁止使用不可降解的一次性塑料吸管。餐饮行业采用再生塑料这类可持续发展的设计行为会带来很广泛的影响，希望逐步改变人们的消费理念和习惯。

2. 自然生态修复

（1）碳标签

人们越发意识到自身消费行为造成的二氧化碳排放量，个人将承担更多的减排责任，特别是那些碳足迹较高的群体。无论是由政府强制执行，还是自发性的行为，消费者都会开始遵守个人的碳排放限额。在这个系统里，每个人都有一定的碳排放额度，用于购买食品、乘坐航班、使用电力、煤气等生活的方方面面。

各行业正在减少产品的二氧化碳排放量，通过重新设计必要的消费品，使其易于回收利用，节省原材料和能源，并避免产品最终进入垃圾填埋场。

美国某内衣品牌将消费者丢弃的内衣从垃圾场里回收，同时，如果有人把内衣寄到废品回收解决方案公司进行降级回收，之后再制成保暖材料和寝具，就能获得该品牌20%的折扣。

（2）生物基材质

由于时尚产业应对气候变化的压力不断增长，对生物材质的应用成为当下品牌关注的关键，以此来解决全球范围内材质稀缺、化学和微纤维污染、水资源与废料管理等相关问题。

在化石燃料产品高环境成本和高经济成本的现状下，行业投资及研发应加快生物基成分与材料的推进。自然生物基材质的研发和处理成为新一代性能优化方案。为运动装行业探索提供了新途径，以减轻石油基纤维对环境的影响。

生物培养的材质是指由细菌、海藻、酵生蛋白和菌生菌丝体等活体成分打造而成的"生长性"面料，通常在实验室中制成。

其中，比较有代表性的有江苏中鲈科技发展股份有限公司研发的生物基聚酯聚对苯二甲酸丙二醇酯（PTT）纤维，其纤维本身具有的优异的尺寸稳定性、抗污性、抗皱性、耐磨性和易染色性，再加上材料特有的分子链结构所带来的高回弹性，被称为"21世纪新型聚酯纤维"。

（3）海洋净化

海洋健康越来越受关注，可持续力、再生设计、尊重海洋等都成为焦点，第63届联合国大会将每年的6月8日确定为"世界海洋日"。

品牌方在海洋净化方面也在积极行动，美国运通公司（American Express）与创意环保设计公司Parley合作，创造了世界上第一张由从海洋中收集的塑料垃圾制成的信用卡。

3. 设计细部升级

（1）模块化

随着可持续性以及有目的的设计在行业中越发受到关注，消费者在这方面的需求将越来越高，可持续理念鼓励消费者选购可进行多种穿搭的模块化设计商品。经典多用途的单品兼顾前卫年轻消费者以及更成熟的消费市场，同时吸引着因过度消费所引发的环境问题的人群。

高性能外套单品基于模块化层搭的理念，为消费者带来可全年穿着的灵活款式，设计将功能性细节做到极致，吸引那些渴望精简衣橱、一衣多穿的消费者。

品牌方以创意方式打造新意造型，设计可拆卸的衣袖、变短或加长的灵活设计、可以变成兜帽来应对多变天气的衣边，以及通过正反两穿印花或撞色衬里提升质感的层搭绗缝单品（图1-1）。

（2）零浪费材料

鉴于材料利用率、节俭风气和环保理念越来越受到消费者重视，品牌方也越发重视采用经久耐用的零浪费材料，打造可重复利用、可循环使用的产品，用单质材料制造产品，便于回收再利用。

此外，品牌方也致力于探索未开发或不需要的材料废物流，通过资源翻新、升级再造、零浪费和重新构建设计技巧等方法来减少时尚生产过程中的浪费，注重自然资源的利用和循环再利用，践行环保理念。

图 1-1　模块化设计服装（图片来源：WGSN趋势网站）

对可持续包装而言，一场新的行业包装革命正在进行。设计时考虑包装的二次生命，鼓励消费者在使用包装后发挥创意。品牌方可以在手工项目产品中加入操作指南，或在社交媒体上发布一些关于重复利用的建议。除了寻找新材质替代塑料包装外，通过创造性的设计思维去解决产品包装过程中的浪费也是品牌和设计师们需要去重视的方向。

设计师安倍健二创建了一种新的可持续包装概念，并且将其命名为"CY-BO"，设计师将单个雪花形海绵状包装材料通过组合变成不同的形状，这种包装可重复用于不同类型的产品中，这一设计不仅解决了一次性包装材料过度浪费的问题，还能替代灯罩、篮子、杯垫等产品，使其应用更加广泛。

（3）学科互助

设计师与人体工程师以及环境专家建立合作关系，向环保与时尚迈进。利用自然资源创造的能够适应每一种环境的弹性建筑和产品，最显著的特点是能够适应各种环境，功能与美感同在是其关键特征。

纵观运动鞋类别，舒适、百搭、便于穿着的多功能模塑结构极为关键，随着科学技术、创新工艺对材料及结构的影响，符合人体工学设计和未来主义风格的环保材料开发极为关键，3D打印技术有助于减少浪费，再生材料或海藻也不失为优质选择。

李宁的3D打印重燃篮球鞋的市场，从打印原材料的研究开始，到运动鞋的底部参数结构化设计，再到打印样品的表面工艺处理都覆盖了3D打印技术。利用3D打印这种当前最先进的增材制造技术，简化产品制造流程，支持循环再利用成为可能。

（二）科技赋能

1. 虚拟力量

（1）元宇宙

是在互联网3.0的基础上继续发展的产物，也是我们目前所知的互联网继承形式。元宇宙的诞生意味着新的机会、新的产品和服务、新的工作岗位和业务以及那些未能融入和适应虚拟空间的现有企业的衰退，还会带来消费者的沟通、娱乐、购物、学习和工作方式的改变。

越来越多的品牌开始与元宇宙结合或围绕元宇宙设计产品，同样的单品可作为虚拟形象、线下产品进行销售，这种设计醒目、有辨识度的单品尤其能吸引到热衷科技产品的Z世代，他们对虚拟创新产品几乎没有抵抗力。

（2）数字视觉

随着虚拟和现实生活不断交错，具备数字世界特点的设计变得越来越重要。多彩设计游走于虚拟与现实之间，过去、现在与未来的元素相互交织，通过虚拟视角融合在了一起。

越来越多设计师正在探索全新领域，虚拟服装除了有助于实现零浪费，还吸引了新生代的"数码世界原住民"，这一群体不断找寻着能在社交平台上展示的抢眼虚拟服装。

以数码和超现实主义方式更新花纹图案，迎合照片印花再次兴起的趋势，呈现出颠覆过去的超现实主义风格；探索数码色彩，呈现更具摩登感的外观；运用大量人造配色打造流彩外观，可以将数码色彩带入现实世界。

（3）电竞

电竞正在成为年轻人的一种生活方式，在营销领域，游戏是一种全新的品牌表达方式，电竞营销也代表着一种新兴的商业生态。

《2020年中国游戏产业报告》显示，中国电竞市场规模已经突破1000亿元，超过北美成为全球最大电竞市场。新冠肺炎疫情使传统体育行业受到冲击，而电竞则凭借其在线特点凸显了产业优势，成为众多城市发展经济的重要抓手之一。

电竞界与时尚界最具声望的品牌强强联手可谓是2019年的重大事件之一，电竞游戏成为新奢华DNA，某时尚品牌与电竞游戏《英雄联盟》合作，为其打造独一无二的奖杯手提箱、游戏皮肤以及联名系列服装。此外，其他奢侈品牌也在尝试以游戏元素为品牌注入新的DNA，证明了电竞市场强大的市场号召力。

2. 超越极限

（1）智慧设计

随着消费者对服装要求的提高，融入了美学、内置功能性，适用于都市和社交的高技术性服装单品受到消费者的追捧。智慧设计融合了技术与工艺，侧重更具包容性的设计和经久耐用的多功能产品，旨在打造以解决问题为导向、简约而智能的穿着方式。高科技解决方案和人类思维的卓越创造力带来适应现代生活的简约、醒目设计，这些核心单品在色彩、图案和细节等方面都以柔和巧妙的方式展现出强烈的竞争优势，演绎着更具智慧的新创意。

在功能性上有所坚持的运动品牌A-COLD-WALL选用耐用的战术布料，将大胆的霓虹色、奶油色等明亮色调穿插其中，包括服装上的五金配件也颇具趣味，设计上在维持实用品质的同时，也保有现代气息（图1-2）。

图1-2 智慧设计服装（图片来源：WGSN趋势网站）

（2）智能化

未来世界，科技创新更多的创意主要针对社会问题，也力求满足少数群体的特殊需求。

优化睡眠质量、缓解身体机能、检测体能指标以及为残障人群设计可穿戴设备等科技创新产品，在帮助大众提升身体素质的诸多方面起到了积极影响。人工虚拟智能的开发越来越人性化，陪伴、忠诚、亲密等特性将会为使用者提供更加温馨、友善的服务。

多行业智能科技的需求和发展，为人工智能的发展提供了广阔的前景空间。教育、家居、交通、医疗、娱乐等领域的拓展，让人工智能科技逐渐渗透到日常生活中。

（3）6G

6G即第六代无线技术，能够融合生活的各个方面，是一个将改变商业模式和社会众多方面的互联网新时代。

对于消费者而言，6G能够实现感官互联，即一个高度复杂的虚拟世界。这个世界融合了物理现实和数字现实，能够充分调动用户的所有感官，打造丰富的沉浸式体验。到2030年，下一代互联网——6G将改变商业模式、环境以及消费者的生活方式。

可持续发展和碳中和将是6G发展背后的关键驱动力，6G互联网让品牌和消费者从生态责任的角度重新思考技术。

（三）亲近自然

1. 天然色彩

（1）未染原色

时尚行业正迎来色彩创造及演变的重要变革，黏土色、未漂原色、环保灰等冷淡中性色彩作为经久不衰的核心色，源于植物、花卉及农作食物的酸性色调让自然主题焕发新的时尚魅力。

未染原色是打造高端系列的首选。此类色彩取材自可回收或有机资源，将有效降低工艺处理时间，并减少对天然资源的索取。对于敏感肌肤消费者而言，低过敏性的天然色彩有机产品将极具吸引力。

品牌日益关注极简产品设计，以最纯粹的形式运用色彩的概念越来越受青睐。使用天然未染原色的纱线或纤维正成为可持续发展的重要环节，将这些色彩应用于条纹、扎染、针织纹理及印花图案设计中，营造消费者所需要的轻松感与平和感。

（2）靛蓝

从靛蓝植物中提取靛蓝染料已有数千年的历史，跨越了地域和不同的文化背景。数千年来，人类便从靛蓝属植物的叶子中提取蓝色染料，在19世纪，靛蓝被合成，从而使生产更便捷且成本更低，并使其成为世界上最流行、最通用的染料之一。

日益增长的手工天然染色运动推动了全球各品牌在其产品系列中对植物基染料的应用。在过去的一百多年中，全球的工匠一直保持着天然靛蓝染色的传统工艺。如今，通过加热和发酵来提取色素的高技能复杂工艺正在复兴。

行业创新者正在推动天然靛蓝的研发，并不断探索传统工艺的现代化。靛蓝这一最古老、最独特的染料之一将在环境责任的推动下，开启其历史新篇章。行业领导者不断推动该色彩的未来发展，积极开发环保技术，以取代其近年来的传统提取流程，回归自然本源。

2. 自然元素

（1）手工艺风

DIY风潮让年轻人对家做手工和工艺风时尚单品展现出越发浓厚的兴趣，推动了年轻社群中手工艺风潮的兴起和工艺美学的流行。

传统手工艺回潮已经是大势所趋，疫情让消费者将"Buy Less，Buy Better"作为主流消费态度，手工艺产品代表了独一无二，同时也代表对文化传承的责任意识。

爱马仕（Hermès）在2019年年底的上海爱马仕之家举办了"想象之手，传承不息"的苗绣艺术展；追溯到2015年，植村秀与羌绣合作的同时开展了一系列保护羌绣文化的项目。这些新的产品和项目对手工艺的推动也将加强更多品牌对于将传统手工艺融入当代年轻化产品设计中的信心（图1-3）。

（2）户外生活

人们对户外自然的热情提升到了新高度，不同世代的消费者希望通过各式各样的户外休闲运动亲近自然、寻求自我的放松，以满足消费者对融入大自然日益增长的渴望。

大自然已经成为伟大的融合者和治疗者，并且这个趋势也将引导人类探索自身与自然之间的共生关系，推动了各品牌在纺织产品的图案设计上探索更多新的表现形式，自然植物元素依旧是应用的重点，将自然元素融入设计时，注意要采取可持续的、合乎道德的策略。

图1-3　手工艺风服装（图片来源：WGSN趋势网站）

（3）自然疗愈

在不安定时期，自然显示出强大的凝聚力与治愈力，这个趋势主题探索了人类与自然共生的关系。自然疗愈推崇天然、传统、手工艺、社群等能够让人们紧密相连的事物，并探寻它们将如何引导人类迈向未来。

随着绿植成为一种新的生活风尚，品牌和艺术家们也开始致力于植物的二次创作，让其在具有健康意义的同时，也能给人带来美学和文化艺术上的双重享受。

（四）东方元素

1. 国潮与国风

（1）国潮品牌崛起

"国潮"意为"民族潮流"，最初是指李宁等中国街头服饰品牌。中国李宁被定义为李宁的高端品类，其定位是运动潮流与时尚，在2018年纽约时装周上，中国李宁以"悟道"为主题，坚持国人的"自省、自悟、自创"的精神，赢得国内广泛好评，自此，国潮风起。

如今，"国潮"已演变成一个包罗万象的词语，用于形容那些挖掘当代中国社会时代精神的品牌和产品，颂扬了中国的科技进步、创意表达和历史传承。

"国潮崛起"也彰显了国人对民族品牌的认同和渴望引领潮流的决心。

普华永道发布的《2021年全球消费者洞察调研中国报告》指出，"国潮"品牌正受到中国消费者的持续追捧和购买，相较国际品牌，越来越多的中国消费者开始选择国潮品牌。

（2）国风复兴

"国风"意为"民族风格"，国风复兴是指在痴迷中国传统文化的Z世代（1995~2009年出生的一代人）内容创作者和网红间流行的新兴线上趋势。他们的目标是复兴中国传统文化，将其融入日常生活，如学习古诗、练习书法和武术，穿着中国传统服装，打造传统妆容等。

汉服、茶艺、书法、古琴等爱好正变得越来越普及。特别是对更年轻的群体而言，他们通过校园内各种文化活动和娱乐媒体等方式，从小受到传统文化的熏陶，并对传统文化拥有更深层的喜爱。

盖亚传说以富有传统意境和东方美学的图案和肌理，迎合汉服热潮还原古典装束，并以现代极简升级造型的时尚感，保持简约精致的轮廓造型，并在细节和配饰上适当增添女性气质，延续刚柔并济的东方韵味。

2．东方美学

（1）中国传统色

当下通用的西方色彩体系偏向于物理特性和科学理论，将植物、动物及自然现象延伸在色彩之中，从色相、明度、彩度这三个属性来定义色彩。

不同国家的文化内涵中，都有着不同的色彩秩序。在世界文化中，东方色彩是一个庞大的观念与视觉体系，具有独特的经验智慧和文化结构。

中国传统的色彩来自天地万物，来自古老文明，遍布于诗词、典籍、史书、佛经、服饰、器物、饮食、自然、宇宙、伦理、哲学等观念中，被寄予着浓厚的色彩美学和历史故事，形成了特有的中国色彩文化。

在中国传统文化中，赤是五色之首，贯穿了整个中国历史，因而又被称为"中国红"，将赤运用于服饰、彩妆、家居环境中，作为适当的点缀色，可以营造欢愉的高级感视觉。

（2）祥瑞图案

祥瑞主题历史悠久、博大精深，除龙、凤、麒麟、貔貅外，寓意长寿的仙鹤与乌龟，寓意吉祥的鲤鱼和喜鹊，寓意幸福、美满的蝴蝶，寓意财富的金蟾等都是值得关注的设计灵感。祥云指象征祥瑞的云气，即传说中神仙所驾的彩云。祥云有珠联璧合之传统美意，于浪漫节日呈现东方美好韵致。

茧迹2022艺术高定"麒麟"系列灵感源于中国志怪古籍《山海经》，将一个远古神秘的世界化作一幅神话长卷，绣罗衣裳集华夏之丰饶，丝缕经纬取天下之瑰玮，蹙金麒麟瑞兽，述"山海异世"。

（3）设计哲学

中国古代哲学家用五行理论来说明世界万物的形成及其相互关系，他们认为任何事物都不是孤立、静止的，而是在不断的相生、相克的运动中维持协调平衡。五行是最早定义世间万物的形成及其相互关系的哲学观念之一，如今仍被不断重新演绎、用以展现对时间与空间的思考。传统意境和古老文明不断赋予设计师思辨未来的灵感。

中国台湾设计师戴鹏（Peng Tai）选择了东方文化中更为隐晦内敛、文本为先的元素作为自己设计的美学基础。将五行与阴阳思想、道家哲学、中医药养生等元素与时尚进行结合，创作的浪漫空灵的中药染色轻薄长袍、飘逸不对称缎带的皱褶连衣裙、手缝边线和经络图在朴素色调中若隐若现（图1-4）。

3. 文化传承

（1）故宫联名

故宫博物院不仅是我国传统文化的宝库，更是各类时尚品牌的灵感源泉，越来越多的故宫联名产品出现在公众视野。

运动品牌安踏与故宫和冬奥合作推出联名特别款作品，在色彩搭配上，特别款与北京冬奥会"冬梦"会徽主色调一致，以蓝色寓意梦想和未来，红色和黄色代表中国国旗，也和故宫的红墙黄瓦相呼应。

彩妆设计师毛戈平与故宫合作，联合推出彩妆系列，以紫禁城大典作为灵感来源，汲取故宫典藏文物的配色，在方寸妆奁中重现大典胜景，最受瞩目的产品莫过于凤冠鎏金绝色唇膏。

（2）敦煌博物馆

敦煌博物馆与各品牌方联合，源源不断地推出各具特色的联名产品，将丝绸之路的神圣美丽广泛传播。

运动品牌李宁为了庆祝品牌成立三十周年，与敦煌博物馆合作举办了一场以"三十而立·丝绸探行"为主题的时尚秀，在敦煌雅丹魔鬼城拉开帷幕。产品以"丝路探行""少年心气""融之新生"三个关键词为篇章，讲述一位长安少年策马探行丝路，在而立之年仍具少年心气的传奇故事。

百雀羚将敦煌艺术作品中高饱和度的丰富色彩提炼运用，提取了敦煌艺术作品中幼虎、九色鹿、孔雀兰翎三个故事元素，推出三款极具个性的眼影盘，

图1-4　东方设计哲学服装（图片来源：WGSN趋势网站）

并赋予其人格化的生动形象，赋活东方之美。

（3）数字中国风

在中国进入5G时代后，融合数字科技、未来主义与传统元素的中国风主题将成为值得关注的流行趋势。数字技术为时尚设计带来日新月异的转变，以中国传统美学意境为灵魂的设计风格也将迎来前所未有的变革，数字中国风元素成为倍受关注的流行趋势。

三、中国时尚产业消费现状分析

（一）市场环境分析

1. 平台战略

为了在拥挤的数字生态系统中给商业开辟新机会，一些平台正在达成战略合作，以打造更便捷的数字化购物路径。

在日益割裂的市场上，中国的一些平台正在推出各种功能，以帮助品牌建立多种在线购物渠道。平台允许品牌和购物者获得更多选择，并提供一系列经过改进的服务，这让平台自身也扩大了用户群，并且产生了黏性。

微信、小红书和抖音等平台依托APP内嵌小程序，以及阿里巴巴或京东的在线商城等链接，形成了直接面向消费者的销售渠道，进而简化了从搜索到销售这一数字化的购物过程。

2. 私域运营

近几年，私域流量概念被互联网领域广泛推崇。除获客成本、自由触达等维度上的优势，私域流量还有一大重要价值，即精准、转化率高。

虽然各行业、各平台对私域运营理解都不同，但私域运营的本质并未改变，即离用户越来越近。用户在哪里花的时间最多，商家就要去哪里靠近用户，给予用户关怀，促成交易。

在用户对于品牌有足够信赖度或者好感度的基础上，通过多渠道运营，用优质产品或内容去吸引用户关注并留下来，成为私域的一部分内容重点。私域运营可以在任意时间、频次、直接触达到用户，为营销或更深入的服务带来更多机会。

结合企业属性制订属于自己的私域策略，通过触达获取更多用户、沉淀种草吸引用户、留存复购维系用户，借助数据中心打通平台和渠道，将用户统一汇聚在私域中并持续优化私域运营。

3. 市场下沉

在中国内循环大环境中，下沉市场已经成为经济发展的新热土。人口众多、幅员辽阔是下沉市场最关键的发展要素。近年来，随着互联网基础设施、商业动态与消费人口的不断成熟壮大，加上国家政策的关注与扶持，下沉市场消费掀起了一轮又一轮的开发热潮。

随着经济发展和城镇化进程不断推进，下沉城市的基础设施、商业配套日益完善，下沉城市年轻人群的规模不断增长，并且对移动互联网的使用行为加剧，小镇青年逐渐成为消费升级的新势力。

在喜茶、奈雪等头部茶饮品牌抢占"中产市场"的同时，蜜雪冰城也靠爆品与低价在饮品市场占据了一席之地。据微热点大数据研究院统计显示，四线以下城市的网友对蜜雪冰城的关注度更高，占比达50.26%。相对而言，小镇青年对产品价格和优惠活动更为敏感，蜜雪冰城无疑更具有竞争优势。

4. 跨界联名

万物皆可联名，跨界和创意联名在时尚领域早已屡见不鲜，如何精准又持续地"破圈"以共享更多圈层的客群是品牌营销升级面临的新挑战。

当下美妆品牌与二次元领域的创意合作越来越多样化，不再只局限于包装上的设计，而是从品牌价值观、产品设计、营销宣传和互动策略等方面出发，以展现更大的诚意，赢得消费者的青睐。如羽西品牌和中国航天创意联名，推出新生灵芝水，灵感源自太空探索，可以改善"火星皮"的暗黄粗糙。

（二）互联网模式分析

1. 直播零售

电商直播在亚洲风头正盛，而这种购物形式在西方国家也越来越受欢迎。

零售商不断探索新的互动策略和销售平台，与消费者建立联系并推动销售，以此来应对疫情期间电商需求的增长。视频直播被超过3亿的中国年轻用户视为低成本的娱乐方式，如今显现出巨大的零售潜力。

移动互联网时代，市场从传统的价格导向转为情景导向，电商直播越发需要在移动端实现购物模式的多样化，让消费者在更真实的场景中得到更好的消费体验。

2. 垂直销售

国内消费者的口味越来越多样化，从而带动了垂直兴趣社群的蓬勃发展，品牌则刚好可以借此方式与特定受众直接互动。

中国社交平台上的垂直社群越来越受到大众关注，因为它们不仅能提供产品知识，还能为志同道合的用户提供互动的社群平台。

为增加用户黏性并构建社群，阿里巴巴于2020年底推出了"逛逛"，这是一个类似于"照片墙"Instagram的APP内嵌社交渠道，允许用户在淘宝和天猫上直接发布链接至产品的图片和视频。名人、专业内容创作者和普通用户都能在其中创作内容，然后根据特定垂直领域予以分类，例如美妆、食品、宠物、小玩意和室内设计等。

3. 视频内容驱动

在中国，直播行业竞争日益激烈，为了在这片蓝海中脱颖而出，品牌需要学会围绕产品营建一些富有创意且关联性强的场景（如为特定目的而搭建的直播室、融入了高参与度的应用场景的脚本等），从而让购物者沉浸在品牌营造出的生活风尚氛围当中。

内容创意是营销的关键。无论在什么样的媒介流行趋势下，只有好的内容创意才能把流量吸引并粘住。视频内容正逐渐成为推动电商平台流量变现的关键。因此，品牌需要考虑制订一套适合中国各大平台、能够彼此互补的综合性视频内容策略。

对于当下的中国消费者而言，依靠全球性的传播资产和传统的视频内容无法完全带来共鸣，因为他们现在期待的是定制内容，这样才可以同时在文化上和个人情感上引起共鸣。

4. 跨境电商

在国际旅行仍然受到限制的情况下，跨境电商迎来新的增长，这为海外品牌扩大影响力、与中国消费者建立连接，提供了新的契机。

据中国海关总署的数据显示，中国跨境电商在2021年一季度的销售额达到4195亿元人民币，同比增长了46.5%。为了进一步刺激国内消费、加快经济复苏，政府公布了新的跨境电商政策，包括降低进口关税、增加进口商品的准入类别等。

与传统的进口模式相比，跨境电商更加经济高效，中国大型电商企业均在经营跨境电商平台，例如阿里巴巴的天猫国际和考拉海购以及京东国际等。

5. 区块链

区块链作为一种热门技术，目前在中国已应用于金融服务、政务信息、社会公益、知识产权等多个领域，未来它会进一步地渗透到商业领域。

金融服务是区块链技术的首要应用领域，由于该技术所拥有的安全性、准确性、简化流程、交易可追踪、不可篡改等特质，使其具备重构金融业基础架构的潜力。

零售为探索区块链的潜能和用途提供了肥沃土壤，凭借其不变、透明和分散的优点，区块链成为适合各行业的通用工具，从音乐、时尚到其他产业。

（三）消费者需求分析

1. 情绪市场

物品背后的情感和通过产品创造的间接体验至关重要，消费者越来越在意将感受植入产品设计中，注重产品能为其带来的情感共鸣。

消费者对感性体验的需求与日俱增，品牌围绕空间给人带来的感受推出了新的零售策略、店铺体验等。越来越多消费者将会凭借情绪来决定关注什么、购买什么，而不是根据需求来做决定。

为迎合全新情感时代，品牌瞄准消费者的情感需求，越来越关注消费者的感受，并通过产品来制造感受，未来还可能会更加个性化，这是一种全新的设计理念。

2. 欢乐设计

近年来许多消费者一直受孤独、焦虑等消极情绪的影响，还面对着加速发展的生态焦虑和反乌托邦的未来预兆。日常生活的停摆让他们对一种乐观的未来情境充满规划和想象。

新冠肺炎疫情改变了人们对世界的看法，传统体系在过去几个月被颠覆，企业需要为人们创造希望，鼓励消费者回归。

在Z世代的推动下，充满欢乐的色彩和图案在新冠肺炎疫情期间迅速崛起，旨在振奋精神、传递乐观与善意。

3. 色彩疗愈

在当下，消费者也更关注对心理和情感带来治愈效果的设计。目前，色彩疗法已被运用到多感官健康体验项目中，旨在进一步促进消费者身心健康，在未来一段时间的设计中，纯净、积极、具有疗愈感的色彩将成为流行。

色彩疗法也叫作色疗，作为一种辅助的治疗方法，可以通过彩色灯光修正生理和心理上的失衡，低饱和度的粉蜡色在过去几年成为修身养性的产品和环境中运用广泛的流行色彩，人们可以在粉蜡色环境中更好地休息，感受平静和色彩疗愈设计带来的情绪修复。

第二章

消费行为概述

一、消费情绪

（一）消费情绪概述

1. 消费情绪的定义

消费情绪是指消费者对于客观事物是否符合自己的需要所产生的一种主观体验。短时间内的主观体验叫情绪，比如喜悦、气愤、忧愁等情绪；长时间内与社会性需要相联系的稳定体验一般叫情感，如理智感、道德感、美感等。

2. 消费情绪的影响因素

身处变化无常、日益复杂的世界，消费者往往被多种情绪状态占据。人们的感受随着不同的外来因素而加剧或减弱，面临24小时不间断的新闻循环、社交媒体信息流，人们难以跟上变化的速度去消化这些信息。

2020年和2021年各类事件频发，消费者的情感深度和体验也在日益发生变化，人们的情绪普遍伴随着积极情绪和消极情绪共存的情绪多元化现象。

受社会环境、政治文化、经济政策、行业科技等影响，消费者的情绪状态日趋复杂，在瞬息万变的世态中，消费者正努力应对情绪多元性，我们识别并整理了驱动消费者心态和行为的八种关键情绪，探讨情绪复杂多变的缘由，以满足消费者的情绪需求并帮助其应对新出现的情感状况。

（二）消费情绪类型

1. 希望

明天会更好的信念以及个人在推动积极改变上发挥的作用，都在驱动消费者把焦点放在全新的未来世界上。科学界认为，希望不止是一种感受，希望是行动要点，是我们构建世界的动力，而非一种被动情绪。希望要求我们审视周围的混乱，鼓励我们拒绝接受失败。针对希望的消费情绪，企业或品牌方应积极推进正念环保的品牌策略。

在"碳中和"和"碳达峰"的大背景下，中国市场近一年最受各个行业关注的环保热词大概是"低碳"。从品牌到平台再到消费者，各方都在力行低碳减排。根据DT财经《中国青年绿色环保报告》显示，"85后"和"90后"集体成长为支持低碳出行，热衷于捐赠步数来支持环保的一代，和其他世代相比，"90后"消费者更愿意担当"绿色买单人"，倾向于购买和使用绿色低碳商品。

2. 乐观

乐观主义是一个赋能工具，企业将采取新的策略来为自己创造更乐观的未来。我们正面对着全球性的社会、政治与经济挑战，乐观并不老土，它充满叛逆精神，在不确定的时期，它是一种勇敢的选择。

针对乐观的消费情绪，企业或品牌方应更多关注有益于消费者身心健康的品牌策略。

鉴于当下许多消费者面临着心理健康问题，品牌可以强调或鼓励消费者走进大自然。阳台作为最接近户外阳光与风景的生活区域，可以自然而然地实现将绿植引入室内、将阳台空间纳入客厅。阳台花园，环保且诗意，极好地展现了消费者一种健康的生活方式和积极的生活态度。

3. 复原

复原指的是面对逆境或状况改变时，成功地应对、吸收、恢复和适应的能力。面对如今充满不确定性和变化加速的社会氛围，复原正快速地变为一种情绪优先项。

消费者将会寻找适当的复原韧性，以及对权力、知识、资源的可获取性，将这些因素视作复原的真实衡量指标。针对复原的消费情绪，品牌方或企业可以积极推动居家运动的产业策略。

随着消费者居家生活方式的变化，也为家居服品牌带来机遇，品牌在居家服装设计上涌现出了新的趋势。家居服不再只是睡衣的代名词，它有了更多元的应用场景和变化，未来家居服的设计也要迎合人们居家办公、居家健身的生活方式转变。

4. 焦虑

在这个日益复杂的世界，焦虑情绪在不断增长。天灾和疫情、婚恋、职场、子女教育、养老等问题，都给消费者带来不同程度的冲击和困扰。消费者为生活而倍感焦虑，子女教育带来的金钱和精力的双重考验，成为不少中国家庭的矛盾和压力。

在这样的境况下，消费者试图寻求工具来管理日益增长的压力、焦虑、不确定性。为了与消费者建立更深的关系，各大品牌正在提供支持，帮助他们获得情绪恢复能力。针对焦虑的消费情绪，品牌方或企业可以积极鼓励消费者关注减压空间的自我健康疏导。

健康产业提倡以深度的愉悦体验缓解焦虑，集色彩、音频和香薰疗法于一体，顾客沉浸在色彩中，不同课程对应不同的气味、声音和色彩，这种设定也有助于促进和深化冥想状态。这种方法发掘了色彩的治愈作用，滋养身心，让人处于完全沉浸的状态，这是一种基于正念的减压方式，不仅能够帮助我们放松，还能够在一定程度上消除焦虑和情绪紧张。

5. 忧郁

忧郁被视为是所有负面情绪中最令人不愉快的一种，它会激发一种无聊感，让人缺乏使命感，进而导致冷漠和抑郁。因此，趣味、幽默和新奇事物有助于品牌向顾客传递具有吸引力的积极信息，为消费者带来乐观精神和希望。

针对忧郁的消费情绪，品牌方或企业应积极推动消费者关注自然的力量，进行自我情绪修复。

在不安定时期，大自然显示出强大的凝聚力与治愈力，人生活在大自然中，与大自然息息相关。有越来越多的消费者表示我们习以为常的阳光、空气、微风、绿植、天然矿石在无形中给予我们能量，是一种源于自然的力量。

成都金沙遗址博物馆外面被青草、绿地、大树、光影所包围，还有梅花鹿在此悠闲地生活、和人互动，有不少到访者表示，这里是"成都版的绿野仙踪"，是"城市中的热带雨林"。

6. 绝望

绝望是各个世代共有的情绪因素，品牌应通过订单沟通的及时性、产品信息的透明度、物流的明确性等向消费者提供一种稳定感和安心感。

针对绝望的消费情绪，品牌方或企业有责任积极鼓励消费者关注生活的细节之美，回归生活对消费者的治愈功能。发现平凡之美，为每一个平凡的日常赋予仪式感，在日常生活里营造并不世俗的仪式和日程，寻求自己内心与外部世界的平衡，为人们治愈孤独、消除倦怠与绝望、放松身心、给予能量、充值快乐。

顾家家居以"家居"为切入口，将真实、自然、开放的生活态度传递给当下消费者，将生活细节和美学艺术融入每一个真实的空间，鼓励人们追求自由积极的生活方式。

二、消费者类型

（一）消费者细分的原因

消费者细分是指消费者心理细分，是依据消费者所处的社会阶层、生活方式及个性特征对消费者市场加以细分，在同一地理细分市场中的人可能显示出截然不同的心理特征。

通过细分消费者类型，企业可以更好地做出消费者人群画像，通过画像，为今后企业的营销决策提供帮助。

（二）消费者分类

消费者受消费情绪的影响，衍生出不同类型的消费者画像。受希望、焦虑、复原、忧郁、乐观、绝望等多元化情绪的影响，消费者划分为固守者、追随者、发明者和展望者。

针对不同类型的消费者，分析了解他们的核心价值观和生活方式，可以更好地帮助企业或品牌方进行案例分析和营销策略，帮助企业建立目标消费群的忠诚度和黏度。

1. 固守者

固守者群体渴望稳定安全，只能应对最低程度的干扰。固守者的核心价值观是追求便利、高效、高品质、永不过时的设计。通常以家庭为单位的消费方式，决定了固守者在家里购买的每样东西都必须要有一个确定可以摆放的位置以及明确的购买目的。便利性和简单性驱动着这个消费者群体，他们会被那些能提供有价值且经久耐用产品的品牌所吸引。

为迎合生活忙碌的固守者群体，品牌方需要提供能够简化购物流程的服务，并寻求新品牌的供货来源，包括那些经久耐用的定制产品。例如，新加坡有一个新的共享玩具网络平台，旨在减少浪费和堆放杂乱，父母能以较低的价格租用玩具，当孩子失去兴趣时，就可以将玩具归还。

2. 追随者

追随者们深感自己需要重新与内心的情感、社群以及自然建立联系，工作量增多，加上与自身情感连接的强烈需求，让这群消费者正在重新定义社群集体的力量。

追随者的核心价值观是推崇社群、环保、自我表现、行动主义、创造力的力量，社群和环保是这个群体的核心。他们会努力让自己的购买行为是有意义且深思熟虑的。

追随者会激励自己更加节俭、减少浪费，追求自给自足的生活，并渴望与环境、社群或自己所在的地区建立连接。品牌方推出环保的购物计划，并与当地的制造商和工匠开展合作，可以受到追随者的推崇。例如，巴西有一家商店购进的都是独特的复古手工织锦，由羊毛、棉和真丝等天然纤维制成，每周通过该品牌的网络社交平台来发布产品的销售信息。

泰国的一家商店为了满足人们对更环保生活方式的持续需求，让绿色环保和"零废弃物"的概念在曼谷变得更加普及，除了提供可重复使用的商品外，它还试图建立一个有共同购物目标的社群。

3. 发明者

发明者正在通过自己的消费行为来推动系统性的变革，开始设法利用科技和同辈社群的力量，创造一切皆有可能的未来，以打破全球机构所存在的不平等和缺陷。

发明者的核心价值观是注重包容性、真实性、高品质、社群和环保理念。他们希望以公平性和包容性为目的，寻求那些能够放大边缘化群体声音的品牌、零售商和服务，争取社群共有，并为一劳永逸的系统性变革做出贡献。

发明者会把钱投入到那些在放大边缘化群体声音以及尊重传统艺术和健康等方面有实际行动的包容性品牌。例如，有一个礼品包装类品牌打造了一款订阅盒子，从特定企业中精选一系列美妆、食品、家居和礼品类产品，订阅用户每个月还可以在线上与礼盒产品的制造商进行一次私聊。

4. 展望者

展望者这个消费者群体跨越了多个领域，多才多艺，总是身兼多职，他们正在接受新的挑战，寻求新的体验。

展望者力图将自己的能量引导到多个方向，带来新的开拓体验、冒险经历以及身兼多职的职业生涯。这种"永远在线"的消费者从不停止购物，无论是通过游戏、社交媒体、网络还是实体店。

展望者的核心价值观是追求新颖性、独特性、自我表现、放纵享受、社会荣誉。展望者是一群渴望获得感官刺激的技术达人。他们不断探索新的虚拟世界，并寻找新的方式来发现产品和购物渠道。

无论是线上还是线下，探索驱动着这个充满好奇心的群体。这类消费者对游戏化零售、虚拟展厅、交互式电商和线下宣传活动持开放态度，并打破了数字世界和实体世界之间的界限，通过尝试新的购物方式来探索实体和数字世界之间的交集。例如，克罗斯比工作室（Crosby Studios）这个多焦点的设计工作室推出了一系列家居用品，并通过方便所有人参观的虚拟展厅进行产品展示，访客可以在公寓里"漫步"，下载产品的3D模型，看看它们放在自己家里会是什么样子。

三、消费行为分类

消费者的个性心理特征的差异，是通过不同的购买行为表现出来的。因此研究消费者的个性，不仅可以解释他目前的购买行为，而且可以在一定程度上预测他将来的消费趋向。

笔者对现有消费市场的消费方式进行分析，并对常见的消费方式进行分类后，得到了三类消费人群，分别是保守型消费者、混合型消费者以及积极型消费者。下面介绍这些人群的消费特性，以及如何更好地通过营销策略来服务这些有着不同消费偏好的消费者。

（一）保守型消费者

1. 消费方式分析

保守型消费者会把购物视为任务，无论是在实体店还是在网店，他们都会带着目的购物，希望获得更快、更精简的购物体验。对这群购物者而言，计划周详的购物之旅至关重要，他们只会在所需商品有货时才会想起光顾实体店。

保守型消费者把安全、速度、便利放在首位，有明确单一的目标。如果商品缺货，排队的人太多，或者店内布局太混乱，他们都有可能会离开店铺，空手而归。麦肯锡在2020年7月发布的趋势报告中指出，能否简单快速地在店内找到想要的产品已成为保守型消费者优先关注点，65%的美国消费者和59%的英国消费者把它视为影响购物体验的重要因素。

2. 品牌关键策略

有目的的购物意味着大多数保守型消费者在光顾网店或实体店前，就已经做好了功课。他们的时间有限，希望有高效的购物体验。零售商不妨在应用程序和外部设施中设置库存检查器和导航工具，帮助购物者了解目标产品是否有货，这是赢得这群消费者欢心的关键。品牌关键策略如下：

①利用技术来实现个性化、提升速度。

②考虑更小的零售店格局。

③使用库存工具和库存平台，辅助任务型购物。

④让定向导航成为核心功能。

3. 品牌案例应用

在家庭生活中，保守型消费者希望生活过得方便、高效、灵活、稳定。他们会积极寻找能帮助自己节省时间和金钱、但又不降低生活质量的产品和服务。他们也会尝试新型的高科技数字服务，如百度或小米提供的AI功能智能助理，可以减轻处理家庭成员的不同需求时的负担。

（二）混合型消费者

1. 消费方式分析

供应链危机打乱了购物之旅，混合型消费者如今面对着更多选择和渠道，这影响了顾客的忠诚度，给品牌带来了压力。混合型消费者越来越厌倦产品缺货和漫长的交货期，尝试以不同方式在想要的时候买到中意商品这一意愿日益强烈。

2021年10月，趋势网站Adobe Analytics的报告指出，线上产品列表里有超过20亿条缺货信息，与2020年1月相比增长172%，消费者信任和忠诚度随之受到影响。随着"哪里买都行，跟谁买都行"成为新范式，零售商将需要加速推动全渠道配送服务，力求让购物者满意。

2. 品牌关键策略

因为供应链问题和延迟配送等问题影响购物决策，混合型消费者将在大型促销季提前购物，并优先考虑信息透明度。线上和现实世界的融合更加突显了全天候可靠性的重要。零售商必须意识到，只要有消费者购买，购物渠道无关紧要。无论是在店内、APP，还是在线上，重要的是消费者能下单和订单能配送。配送服务必须快速有保障，以满足消费者与日俱增的想立刻拿到产品的渴望。品牌关键策略如下：

①跟进非线性旅程。

②沟通是关键。

③扩展全渠道能力。

④不要过度承诺或拖延配送。

3. 品牌案例应用

随着年轻人对二手商品的接受度提高和消费观念的转变，中国二手经济市场迎来了前所未有的蓬勃发展，也吸引越来越多的新生代主理人进入该市场，开启了线下中古店迅速扩张的时代，专柜热门款式长期缺货的大环境也让越来越多的消费者将目光投向了具有更高性价比的二手奢侈品市场。

受社交网络的影响，中古文化迅速突破小众圈层，受到Z世代的强烈追捧。甘达商行是藏匿在上海老弄堂里的复古港风中古店，主理人将自己从全世界淘回来的20世纪90年代古董物品展示在店内，激起Z世代消费者关于"童年回忆"的情感共鸣（图2-1）。

（三）积极型消费者

1. 消费方式分析

积极型消费者以享受轻奢产品的方式犒劳自己，他们更倾向于寻找短暂的快乐体验。

消费者经历了数个月的预算缩紧和购物欲望克制后，给自己买礼物变为了核心诉求。积极型消费者在大部分时间都处于生存模式中，他们会把可支配收入花在那些让自己感到振奋、对未来抱有积极期望的产品或品牌上，希望体会到自我犒劳的快乐。

2. 品牌关键策略

品牌若能找到方法，让消费者感到快乐，在失控的环境里重获控制感，就能帮助他们重新建立连接并获得疗愈，从而提高消费者的忠诚度。机会在于品牌要如何增强消费者的这些积极体验，让消费者感到更强的治愈性，或者通过产品组合等方式，让用户的生活变得更具幸福感。品牌关键策略如下：

①重新考虑宣传口吻。

②打造体验式电商。

③用沉浸式线上体验来激发快乐。

④用虚拟形式提供固定仪式的产品和服务。

图2-1 甘达商行（图片来源：WGSN趋势网站）

3. 品牌案例应用

越来越多的品牌开始与元宇宙结合或围绕元宇宙设计产品，同样的单品可作为非同质化代币产品、虚拟形象、线下产品进行销售，这是为每种媒介平台设计醒目、有辨识度的单品的关键，尤其能吸引热衷科技的Z世代，他们对虚拟创新产品几乎没有抵抗力。元宇宙概念掀起热潮，超大量感版型、数字风印花、超亮色等设计为年轻街装注入了新意。

运动品牌特步发售NFT数字藏品，以特步爆款跑鞋160×作为特步数字藏品的灵感，为所有热爱跑步、热爱生活、憧憬未来的人们构建了一个前沿与交互生态。

四、拥抱Z世代

所谓的Z世代（Generation Z），是指1995~2010年出生的一代人，这代人的成长几乎和互联网的形成与高速发展时期达到高度的一致。他们特立独行、个性鲜明，和上几代人有着极大的差别。他们是网络世代的原住民，他们极具个性，极富于自我表达，勇敢说不，同时反向影响着他们父母这一代人。

Z世代的成长伴随着全球经济与技术的高速发展，他们虽然年轻，但是"Z世代"人群正逐渐成为这个世界的重要力量。

（一）Z世代的优先项

1. 从数据分析角度看Z世代的优先项

目前，全球Z世代有24亿人，占全球人口的32%，其消费能力达到440亿美元。据B站援引艾瑞数据的预测，2023年Z世代将贡献66%的线上娱乐市场规模，对应市场空间将达到8.791亿元。

据中国国家统计局2018年数据显示，中国在1995~2009年出生的人口总数约为2.6亿，约占2018年总人口的19%。

中国Z世代人群虽有近半为在校生，但他们有较好的家庭经济基础的支持，根据策略咨询公司OC&C的数据，家庭支持是中国Z世代消费的关键驱动力，Z世代消费占中国家庭支出的13%，Z世代在时尚消费领域的贡献仍以3.5%~4.5%的比例增长。

全球人口结构正在悄然改变，年轻的Z时代已经成为新时代的焦点人群，社会各界都关注着Z世代人群的成长，围绕于Z世代的商业机遇也不断涌现。

Z世代成长于互联网快速普及的千禧年代，在移动互联网技术广泛应用的2010年后步入成年，是中国移动互联网的首批用户。他们习惯使用互联网渠道搜集和分享消费信息，关注社交媒体，重视各类平台的消费者反馈，是"种草""拔草"式消费的重要参与者；他们注重消费的社交和圈层属性，以消费为社交货币，实现个性化表达。

Z世代也是移动互联网的重度用户，无论是使用深度上还是使用广度上均高于全网平均水平。数据显示，Z世代用户的月人均使用互联网时长为174.9小时，高于全网用户的140.1小时；Z世代用户的月人均使用APP个数为30个，高于全网用户的25个。

Z世代的兴趣爱好十分广泛，尤其在社交、娱乐、购物等方面，这也使网上到处都有他们的身影。

2. 从品牌策略角度看Z世代的优先项

（1）针对Z世代的时装策略和应用

品牌正在积极推动Z世代获取趋势信息中的创新部分，他们重点关注色彩和精致而休闲着装方法，从平面模特到时尚企业家，多才多艺的Z世代在展示他们个人创意风格和职业理想之间取得平衡。

从新派学院风到更为华丽醒目的街头精英风格，Z世代的街头网红们以敏锐的洞察力聚焦多种风格独特的细节设计，推动潮流不断发展，尤其是随着对大流行后生活的乐观情绪的发展。

太空绿（Astro Green）被称为"Gen-Z Green"，作为男士休闲、配饰或单品的重要元素，太空绿的色彩酸度向来自虚拟世界的数字影像致敬（图2-2）。

（2）针对Z世代的运动装策略和应用

Z世代注重个性化以及与他们购买的品牌共同创作的过程。品牌方可以充分利用潮流导航者的价值，吸引Z世代讲述品牌故事，成立会员俱乐部，以建立社群并培养客户忠诚度。

（3）针对Z世代的彩妆策略和应用

Z世代将美妆产品视为一种体验，而非达到完美的手段，有趣的色彩、质地和包装是吸引这一代人的关键。Z世代是跨界联名的消费主力军，他们在联名商品消费中的占比超过其他所有世代消费者，"90后"和"95后"加起来贡献了

图2-2　Gen-Z Green的色彩应用（图片来源：WGSN势网站）

超过70%的销量。

彩妆品牌魅可（M·A·C）携手王者荣耀推出限量唇膏，深挖精准人群，不断解锁联名玩法，赋予自我品牌个性及年轻化的形象，从而获得Z世代消费者的青睐。

（4）针对Z世代的室内生活策略和应用

Z世代消费者在购物时追求符合潮流且新颖的色调，如"鼠尾草绿色与棕色的卧室""桃红色浴室""粉红色寝室""蓝色和赤土色的卧室"等，这些色彩带有安静而疗愈的天然属性，适合春夏季节的家纺产品的开发，也代表了接下来的室内色彩消费的新方向。

（5）针对Z世代的消费科技策略和应用

Z世代消费者和科技品牌都在拓宽审美的可能性，并创造出有趣且富有表现力的新方式与科技互动。

随着设计师打破旧有规则，拥抱创新合作，消费者将积极参与其中。品牌需要提供充满积极活力的产品和零售体验，将乐趣融入自己的产品中，并为更广泛意义上的审美而进行设计。科技公司罗技（Logitech）推出的彩色键盘系列就受到Z世代消费者的热烈追捧。

（二）Z世代的群体特征

1. 文化自信

（1）传统文化

文化自信的根基在于中华民族五千年的历史文化传承和当代中国综合国力的飞速发展。Z世代年轻人成长于富强繁荣的时代，对中华民族、中国文化有强烈的自信，这对中国品牌是特别好的激励，更是大国崛起的缩影。

近年来，传统文化题材舞剧创作高潮迭起，以艺术再现动人的历史时刻，传统舞蹈舞台利用了5G与AR相结合的技术，让虚拟场景和现实舞台相结合，让观众重温中国精神的伟大。河南卫视的传统国风晚会脱颖而出，包括"唐宫夜宴""元宵奇妙夜"等节目的出圈背后是对中国传统文化的大力弘扬，彰显了民众文化审美的提升，在网络平台上掀起了热烈的追捧和欢呼。

（2）科技国力

第24届冬季奥运会及残奥会在北京举办，首次大规模使用二氧化碳制冰技术、首次比赛区域全面覆盖5G信号、首次全程4K超高清格式转播、首次实现碳中和……各种高科技项目的全面应用打造出2022年北京冬奥会的科技感、未来感。此外，民族品牌华为、大疆、格力等企业更是走向了全世界！

2. 个性化和责任感

（1）使命感与责任感

Z世代是具有生态环保意识的一代。提到可持续，年轻人认为它不是"遥不可及的概念"，也不"仅仅只是政治上正确的事"，而是非常具体的生活选择，变得越来越生活化。Z世代是一个深受社会使命感驱动的群体，他们希望所支持的品牌与自己秉持相同的价值观。

（2）包容性

Z世代是很多元的一代，要想成功吸引他们，需要采取一种将包容性和开放性置于首位和中心的方式。对Z世代来说，表达身份和个性的自由至关重要。

（3）享乐主义

因为要活出真实的自己，所以享乐主义成为不少Z世代的人生信条。享乐主义凸显的是Z世代追求特立独行的本质，因而某种程度上来说也是悦己的表现之一。数字资产因其被赋予了一个无法篡改的编码，同时也因为其独一无二性深受Z世代的偏爱，不仅如此，相关联名的产品也大受欢迎。

（4）自学一代

Z世代也是非常看重自学的一代，这要归功于线上学习工具的综合运用，以及"坚持走自己的路"这种内驱力。作为善用搜索引擎的一代，Z世代不仅只发展了自己的研究技能，作为一名新型的产消者（产出内容，同时也是消费者），他们研究自己喜爱的品牌，并以准代言人、店铺合伙人或网红的身份，在线上免费发布与该品牌相关的信息。

3. 推崇社交

（1）圈层文化

随着移动互联网和社交媒体的大爆发，基于熟人关系的泛社交媒体已经无法满足年轻人的社交需求，拥有精细、准确、鲜明兴趣标签的垂直社交圈成为中国Z世代的新宠。中国二次元圈、国风圈、电竞圈、街舞圈、音乐圈、萌宠圈等都是"95后""00后"深耕的兴趣圈层。

（2）数字美学

Z世代深受社交媒体催生的美学风尚吸引，喜欢用"美学"这个词来描述某种氛围或感觉，还会借助"美学"这个精选工具来组建共同推崇某套视觉元素和价值观的社群。

（3）交互娱乐

Z世代兴趣爱好广泛，热衷于多元的娱乐方式，他们追求情感浸入感、互动参与感和群体认同感。对Z世代来说，万物皆可"饭"。以偶像粉丝为核心的饭圈文化开始有泛化并扩散至其他圈层的趋势，实力明星重新进入大众视野。

（4）碎片化信息

随着手机阅读成为生活习惯，以手机阅读为主要渠道的内容生产日渐丰富。由于人们时间有限，所以只能通过碎片化的方式用最短的时间获取信息，并更加倾向于有互动感的体验。这个趋势为小红书、抖音、微博等APP兴起创造了条件，以生活、美食、旅游、摄影等兴趣点吸引着越来越多元的Z世代年轻群体。

第三章

色彩与消费者的
关系

一、色彩数据化

（一）光与色的世界

根据现代物理学研究，色彩是光刺激眼睛再传到大脑的视觉中枢而产生的一种感觉。所以要完成对色彩的准确感受，首先要有光，为了更好地研究、应用色彩，就需要掌握有关光到达眼睛的物理学知识。

1. 光的定义

光是能够作用于人们的视网膜，刺激视锥细胞引起视觉感受的电磁辐射，在物理学中，电磁辐射也叫作电磁波，是波的一种。

波长范围在380~780nm的电磁波能引起人眼的视觉反应，这段波长的光称为可见光。与可见光波段相邻的光线（在300nm以下）是紫外线，不被人眼所见，却具有很强烈的光化学作用。而与可见光长波段相邻的光线（波长在780nm以上）被称为红外线，眼睛看不到且光化学性能弱，但具有很强的发热性能。

2. 光谱与色彩的关系

1704年，英国科学家牛顿发表了《光学》，牛顿用三棱镜揭开了彩虹的奥秘，证明了色彩就是光。色彩源于自然光，通过三棱镜将自然光分光之后会呈现出七色光谱，若再用透镜将这七色收集就又能恢复为自然光。

如果我们将白光从一夹缝射入黑暗的房屋中，并使这一白光穿过玻璃棱镜，棱镜就会将白光分离成红、橙、黄、绿、青、蓝、紫各种颜色的光，当这些光投照在白色墙壁上时，就会在这黑暗中见到与彩虹有相同颜色秩序的光色谱，这种现象叫作光的分解或光谱。通过这个过程，便瞬间能看穿色彩的本质。

3. 不同光的波长范围

色彩的基础就是色光，即电磁波。不同的波长会呈现不同的颜色，波长最长的是红光，最短的是紫光，比红光波长长的是红外线，比紫光波长短的是紫外线。以下是七种光谱色的波长范围。

①红色的波长范围：630~780nm。

②橙色的波长范围：590~630nm。

③黄色的波长范围：560~590nm。

④绿色的波长范围：500~560nm。

⑤青色的波长范围：470~500nm。

⑥蓝色的波长范围：430~470nm。

⑦紫色的波长范围：380~430nm。

4. 光源的定义

广义的光源是指能发出一定波长范围的电磁波（包括可见光与紫外线、红外线和Ｘ光线等不可见光）的物体。狭义的光源指照明，是在可见光全波段范围内能散发较均匀分布的光辐射的物体。

光源主要分为两类：天然光源和人工光源。最重要的天然光源是日光和火焰，在适当的条件下，日光是最理想的光源，但是，由于受时间、气候、季节、纬度等因素的影响，自然光的光色并不稳定，因此现代工业上更倾向于用人造光源来实现精确对色。

5. 色温的定义

色温是标度光源颜色的物理量之一。某一光源发射的光颜色与黑体升高到一定温度时发出的辐射光的颜色相同，此时的温度就称该光源的色温，以绝对温度K表示。在技术上，可以用色温（K）来表示光源色品质。对于色温与光源的色品质，一般而言，色温越高光越偏冷，色温越低光越偏暖。常用标准光源，分别有D65、TL84、CWF、UV、F、U30等。

6. 光线与物体的颜色

物体的颜色由投射光和物体表面两个因素决定。在光的照射下，物体对光谱中不同波长的光具有不同的吸收能力，但在白光照射下，都表现为某种彩色。

例如，当我们说裙子是蓝色的时候，意思就是这条裙子的表面选择性吸收了白光中除了蓝色波长以外的所有光线，所以我们看到的物体就是蓝色。

当投射光由白色变为单色光（三棱镜分解的红、橙、黄、绿、青、蓝、紫任意一个色光，即经过三棱镜不再分解的色光），情况则不同。

比如以同样的绿光照射，白色光的表面会呈现绿的色彩；而红色的表面，由于没有红光可以反射，会把绿色的色光吸收掉，因此呈现偏黑的颜色。

世界上的颜色可以说有成千上万，也可以说只有三种，因为红、黄、蓝这三种颜色是不可以调配出来的，但是它们按照不同的配比，却可以调配出任意其他颜色。

一般成年男性只能区分130万种颜色，而女性能区分180万种颜色。色彩遍布我们生活的各个角落，因为有了色彩我们才能感受到世界的美好，作为最清澈的视觉语言之一，色彩在人们的生活中起着重要作用。

（二）色彩数据化工具

COLORO色彩体系是由中国科技部立项，中国纺织信息中心组织研发，与全球权威趋势预测机构WGSN的母公司——英国艾盛（Ascential）集团联合，向全球市场推广和销售的一个革命性的色彩体系和颜色标准。

COLORO以人眼感知颜色的方式定义了涵盖160万个颜色的色彩空间，每个颜色均以独立的七位数编码进行命名，分别代表了颜色的色相、明度、彩度，同时也为各行业创建了一个新的全球颜色标准。

COLORO从实物和数字化两方面，为色彩趋势分析、色彩设计、产品生命周期管理（PLM）系统和供应链管理提供了完整的解决方案。

COLORO的每个颜色都有相应的染料配方和颜色技术数据，并且每个颜色均以环保染料染制。

1. 色彩三要素

色彩三要素是色彩最为重要的属性，色彩三要素指色彩的色相（H）、明度（L）、彩度（C），三者具有相对独立又相互依存、不可分割的紧密关系。

色相又称色别，是色彩的名称和相貌。它是色彩最基本的属性，决定着色彩的质，是区别各种颜色的主要标志。

明度也叫亮度，是指色彩的明暗程度。对光源色来说可以称为光度，对物体色来说也可以表示颜色的深浅程度。

在色彩学中，彩度又叫饱和度、色强度、色度，另外它还有艳度、浓度等说法。按严格意义，黑白灰并不属于色彩，因为色彩是彩色的，是有彩度的，但黑白灰却无彩色，没有彩度这一色彩特性。

2. COLORO色彩编码

COLORO的色彩逻辑让人们能够以很高的精准度组织并分析色彩，让创作者能够以新的方式来客观看待色彩，并创造出具有长久生命力的调色板。

COLORO的色彩编码基于人眼所见色彩，由色相、明度和彩度组合而成，以七位数字编码呈现，每个编码所代表的是色相、明度和彩度交集处的点。通过这样一个严谨科学的色彩体系，用户可以快速掌握色彩的规律，大幅提高用户日常选色用色的效率。

COLORO的七位数字色彩编码中，色相值范围为001~160；明度值范围为00~99；彩度值范围为00~99。

3. COLORO色立体

COLORO色彩体系采用色相、明度、彩度三个变量来标定一个颜色，它是在视觉间隔相等原则下建立的，即相邻的颜色样片在色相、明度、彩度三个属性中每一个的视觉间隔相等，明度从黑到白由下向上排列。

色相按由红向黄、绿、蓝、紫等颜色顺序以逆时针方向在一个圆环上首尾相接顺次排列。彩度由圆环的中心向外以射线方向排列，彩度数值由小向射线辐射方向增大，圆环的中心是中性色。色相、明度和彩度形成一个三维空间，即色立体（图3-1）。COLORO色立体定义了160万种颜色，并从中挑选3500个做成实物体系色卡。

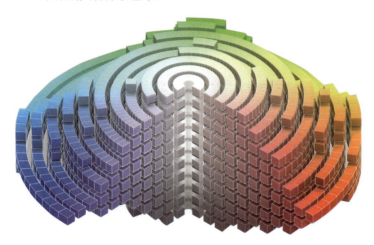

图3-1　COLORO色立体（图片来源：COLORO）

4. COLORO等色相面

COLORO色立体中相同的色相的颜色被排列在同一个色面上，称为"等色相面"。等色相面上的颜色按照明度从下到上逐渐升高，彩度从左到右逐渐升高的原则，实现了相同色相颜色之间的规律性排列。

5. COLORO九色域

COLORO另外的一个关于色彩的核心概念便是九色域，它将颜色按照明度和彩度的变化进行了一个系统的整合。九色域根据颜色的明度和彩色的高、中、低范围，划分为九个区域，其中明度划分以40、65为分界，0~39区间为低明度，40~65区间为中明度、66~99区间为高明度；彩度的划分以08和22为分界，01~07区间为低彩度、08~33区间为中彩度、23~99区间为高彩度，以此形成了9个色调区，每个色调区也按照1、2、3、4、5、6、7、8、9这样进行排序，方便大家记忆。比如高明低彩就是第1个色调区，低明高彩就是第9个色调区（图3-2）。

九色域的概念会被广泛运用在色彩风格梳理、色彩搭配、色彩数据分析、流行色应用等各方面。当然市场上颜色的运用是丰富多彩，甚至是复杂多变的。通过九色域，用户可以轻松地归纳色彩的基调和风格（图3-2）。

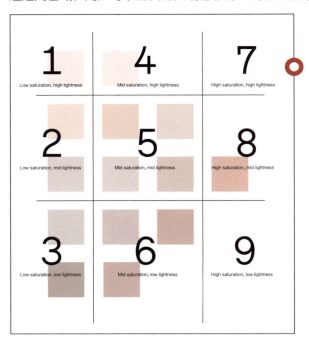

图3-2　COLORO九色域（图片来源：COLORO）

二、色彩的对比与和谐

当两种以上的色彩放在一起进行比较，求同存异得出色彩之间的矛盾、差别以及相互之间的关系，就称为"色彩对比的关系"，简称"色彩对比"。

色彩对比是在特定的情况下颜色和颜色之间的比较，它体现在色相、明度、彩度、补色、面积等五种不同类型的对比之中。这种差距越大，对比效果就越明显，差异减小或减弱这种对比效果就趋于缓和。

　　在色彩设计中，色彩的对比与和谐通常的设计手法有：色相的对比与和谐、明度的对比与和谐、彩度的对比与和谐、色彩面积的对比与和谐。

（一）色相的对比与和谐

　　不同颜色并置，在比较中呈现色相的差异，称为"色相对比"，是色彩对比中最简单明显的一种，通过对比，不同色相的特征更加明确。

　　将相同的橙色，放在红色或黄色上，红色上的橙色会感觉偏黄，因为橙色是由红色和黄色调成，当和红色并列时，相同的成分被调和而相异部分被增强，所以看起来比单独时偏黄，与其他色彩比较也会有这种现象，称为"色感偏移"。

　　除了色感偏移之外，对比的两种色彩，有时会发生相互色渗的现象，影响相隔界限的视觉效果。当对比的两色，具有相同的饱和度和明度时，对比的效果越明显，两色越接近补色。

　　同色相的色相对比指在同一个色相范围内的色彩对比应用，其优点是给人以温和、安静含蓄的美感；缺点是画面单一、容易产生单调和沉闷感；可以通过明度、彩度层次的拉开，产生明快和丰富感。

　　邻近色的色相对比是指在色相环60°的范围内的色相对比应用，其优点是给人和谐、雅致感，而且具有一定的变化感，不呆板乏味，是时装设计师常用的色彩技巧。

　　对比色的色相对比是指在色相环大于90°范围的色相对比应用。其优点是产生对立感，效果强烈、丰富醒目；缺点是画面的和谐感和协调感稍显不足；可以通过利用色彩间面积对比和色彩过渡改进。

（二）明度的对比与和谐

　　明度对比就是色彩的明暗程度对比，也是色彩的黑白度对比。明度对比是色彩构成的最重要因素，色彩的层次与空间关系主要依靠色彩的明暗对比来表现，明度对比可以表现色彩的层次感、立体感和空间关系。

　　以明度对比或色相对比为主调，可以获得活泼和运动感；以明度调和或相近色相为主调，可获得稳定和平静感。色彩中最强的明暗对比就是白色和黑色的对比，无穷数量的深浅灰色在白色和黑色之间构成了一个连续的色阶。

不同明度范围的画面给人不同的效果感受。

①明度高区（高明度值为：66~99）：明亮、轻松感。

②明度中区（中明度值为：40~65）：含蓄、明确感。

③明度低区（低明度值为：01~39）：深沉、庄严感。

同色相不同明度的对比是指在同一色相范围内，不同明度的对比变化，容易在统一平衡的画面下给人以跳跃节奏感，是服装设计师常用的色彩设计手法，在很多运动品牌单品中做拼色运用。

不同色相相同明度的对比可以减少颜色之间的色彩差异，营造和谐一致的系列感画面，通常做单款不同色的色彩设计应用。

（三）彩度的对比与和谐

彩度对比就是纯色与稀释过（含有各种比例的黑、白、灰）的暗淡色彩的对比，即较鲜艳的色彩与较模糊的浊色的对比。

彩度对比可以体现为同一色相不同彩度的对比：一个鲜艳的红和一个暗淡的红相比较，能感受出它们在彩度上的差异；也可体现在不同色彩对比中，如纯红与纯绿相比，红色的鲜艳度更高。

不同明度范围的画面给人不同的效果感受。

①高彩度区（彩度值为：23~99）：积极、快乐、活力、强烈、扩张、跳动等感觉。

②中彩度区（彩度值为：08~22）：温和、沉静、中庸等感觉。

③低彩度区（彩度值为：01~07）：自然、简朴、安静、随和、超俗等感觉。

同色相不同彩度的对比是指在同一色相内，不同彩度的对比变化，适用于同个颜色不同面料质感的色彩应用。

不同色相同彩度的对比是指在不同色相内，相同彩度的对比变化，适用于不同颜色的拼色设计，可以营造统一和谐的画面效果。

（四）色彩面积的对比与和谐

色彩感觉与面积对比有关，即与各种色彩在构图中占据的比例量有关。同一组色，面积大小不同，给人的感觉不同：面积大给人以强调、刺激的感觉，面积小则易见度低，容易被其他色彩同化，难以发现。

当两种颜色以相同的面积比例出现时，这两种颜色就会产生冲突，色彩对比自然强烈。色彩面积的对比更多时候是为了调和颜色之间的平衡感。运用色彩面积大小的对比案例在艺术作品和生活中随处可见。

1930年的《红、黄、蓝的构成》是皮特·科内利斯·蒙德里安（Piet Cornelies Mondrian）几何抽象风格的代表作之一。粗重的黑色线条控制着七个大小不同的矩形，形成非常简洁的结构。画面主导是右上方鲜亮的红色，不仅饱和，而且面积巨大。左下角一小块蓝色、右下角的一点点黄色与四块灰白色有效配合，平衡了红色正方形在画面上的冲突感。

三、色彩对消费者的生理影响

（一）视觉的生理基础

人们的视觉感受是由于光的刺激引起的，而产生视觉的生理基础则是人的眼睛。所以要完成对色彩的准确感受，除了要有光，还有物体以及健康的大脑和眼睛，这些要素缺一不可。

1. 人眼视觉成像原理

人的眼睛是经过长期进化而形成的一个功能强大的视觉感受器。视细胞也称为"光感受细胞"或"光感受器"，位于视网膜内最深处，能把光学刺激转变成神经冲动的细胞。

视细胞分为视锥细胞和视杆细胞，正常人有三种视椎细胞，是三色视觉者（红绿蓝），三种不同的锥状细胞每种可以区分大约100种色调，三色视觉者总共能看到大约100万种颜色。某些疾病使得一些人丧失了其中一种锥状细胞，即从三色视者变为二色视者，人类之外的大部分的哺乳动物都为二色视者，它们所看到的世界远没有人类那么丰富多彩。

2. 色彩感知的产生原理

色彩在生成过程中，不仅需要呈现色彩的客观条件——光线和物体，更需要感知色彩现象的主体因素——眼睛。拥有一对正常的视觉接受器官，人们才能准确完整地感知到色彩世界的奥妙和魅力。

人眼色彩感知是指通过人的眼睛、大脑和人们的生活经验所产生的一种对光的视觉效应。人类在成长的过程中学会了辨认各种颜色，先用眼睛看，然后传递给大脑产生记忆，这样时间久了，人就会自然而然地能分辨出颜色。

3. 色彩感知的恒定性

人的视觉感受并不是单纯的器官感受，还会受到心理感觉的调整。人的视觉对色彩感觉也有稳定性，当光线的色彩及照明强度发生变化时，观看者仍把物体的色相、明度、彩度看作不变的形象，即颜色的恒定性。

对自然界的物体而言，其外观的色彩属性大部分是与生俱来且恒定不变的，人的视觉会在心理上排除光源的颜色影响，而展现物体本身固有的颜色。

人们在观察常见物体时，由于潜意识的影响，习惯性地根据长久的经验积累，判断出光线变化及环境色彩对物体的影响，把视觉的色彩感受调整到接近物体的常见色。如倾向于把皮肤看成肉色、把树叶看成绿色、把天空看成蓝色等。

红色光的波长很长，穿透空气的能力强，同时红色比其他颜色信号更引人注意，所以作为禁止通行的信号；黄色光的波长较长，穿透空气的能力较强，所以作为警告的颜色信号；采用绿色作为通告颜色信号，是因为红色和绿色的区别最大、易于分辨，其显示距离也较远，这就是红绿灯的原理。

4. 色彩感知的错视性

错视性即视觉上的错误，当人或动物观察物体时，基于经验主义或不当的参照形成的错误判断和感知。

物体色彩因受其相邻色等影响而视觉上会发生变化，由于眼睛的生理构造特点，当人观察色彩时，会发现有时色彩给我们的感知并非真实的客观显现，而是一些有趣的错觉。

色彩刺激眼睛只需要几秒钟便能完成，如果长时间注视某种颜色，颜色的彩度会显著地减弱，深色会变亮，浅色会变暗。所以我们必须注意保持对色彩的第一印象和新鲜感，培养敏锐的观察力。

如果告诉你所有黄色和蓝色都是完全一样的，那么你所看到的黄色和蓝色也是完全一样的，即语境会影响人对颜色的感知，这就是比泽尔德幻觉。

草间弥生的作品——"无限镜屋"系列一直以来都保持着现代主义的印记——令人眩晕的有限与无限，空间视觉上神秘的延伸，自己与他人之界限的混淆，观看作品短短几分钟，便仿佛有坠入另一世界的错觉。

5. 色彩感知的适应性

人的视觉系统有一个调节的过程，如果眼睛长时期受到某一种色彩的刺激，会使眼睛对该色彩刺激的敏感性下降，而对其补色的敏感性明显提高，这就是颜色的适应性。

当外界物体的颜色刺激作用停止以后，在眼睛视网膜上的影响并不会立刻消失，这种视觉现象称为"视觉残像"（也称"视觉后像"）。当人用双眼长时间地盯着一块红布看，然后迅速将眼光移到一面白墙上，视觉残像就会感觉白墙充满了绿色。这说明视力需要有相应的补色来对特定的色彩进行平衡，即"补色平衡理论"。

"补色平衡理论"在医疗实践中已被广泛应用，根据视觉色彩互补平衡的原理，医院手术室、手术台、外科医生和护士的衣服一般都是绿色，因为绿色能减轻外科医生因手术中长时间注视红色血液而产生的视觉疲劳。

（二）色彩与视觉感

除了色彩的恒定性、错视性、适应性，色彩带来的类似主观感受还包括冷暖感、胀缩感、进退感、轻重感、动静感等方面。这些感觉的形成，一方面取决于人的视觉特征、一方面也取决于光色现象的本质特征。

1. 色彩的冷暖感

色彩本身并没有冷暖的色温差别，是视觉色彩引起了人们对冷暖感的联想。

暖色有红色、橙色、黄色等颇具代表性的颜色，使人联想到生活中的一些颇具温暖感的物件，如太阳、枫叶、秋天的麦浪等。冷色有蓝色、蓝紫色、紫色等颇具代表性的颜色，使人有很幽静、凉爽的感觉，联想到如太空、海洋、紫玫瑰等物体。暖色可以使人的血液循环加速，促使人兴奋；冷色则使人的肌肉收缩，让人感到平静松弛。

在建材家居行业，室内装潢设计的搭配受到室内日照的影响，不同朝向的房屋由于日照效果不同，需要搭配不同冷暖感觉的软装来平衡室内的色感。

①朝西：房间受到落日夕照，较为炎热，宜采用冷色。

②朝北：房间没有日光的直射，宜采用暖色，且彩度要低。

③朝东：房间最早晒到太阳，也最早变暗，使用浅暖色最适宜。

④朝南：房间日照时间最长，颜色不宜太亮，慎用暖色，使用冷色则使人感到舒适。

⑤采光不佳：宜用暖色。

2. 色彩的膨胀感

一般而言，暖、浅、亮的色彩有膨胀感；而冷、深、暗的色彩有收缩感，如黄色是膨胀色，蓝色是收缩色。

造成膨胀与收缩的原因很多，但主要在色光本身，波长长的暖色光与光度强的色光对眼睛成像的作用力强，使视网膜接收这类色光产生扩散性，造成成像的边缘线出现模糊带，产生膨胀感。

色彩的膨胀与收缩感，也与明度有关。但最高明度的无彩色和有彩色相比，明度高的显得大，有彩色显得小。

通常暖色系自带膨胀感，而冷色系自带收缩感。身材丰满的人穿深色衣服以显得苗条，较瘦者穿浅色衣服显得丰满，就是对色彩膨胀感的巧妙运用。

3. 色彩的进退感

色彩进退感是由色相、彩度、明度、面积等多种对比造成的错觉现象，在色彩比较中，感觉比实际距离近的色彩叫作前进色，反之叫作后退色。

造成各种颜色前进和后退感的原因是人眼晶状体对色彩的成像调节所致，波长长的暖色在视网膜上形成内侧映像，波长短的冷色在视网膜上形成外侧映像。

一般暖色、纯色、高明度色、大面积色、集中色等会有前进的感觉；相反，冷色、浊色、低明度色、低彩度色、面积小、比较分散的颜色会有后退的感觉。草间弥生的作品除了多采用圆点的重复排列形式以及鲜艳夺目、极高的色彩以外，还有一个明显的特征就是对作品独具匠心的镜面式空间处理，给观者一种真实与虚幻交融的体验。草间弥生经常会使用发光的圆点，结合镜面反射去营造画面中的空间层次感。

4. 色彩的轻重感

色彩轻重感指的是色彩组织所形成的重量效应与漂浮感的传达，是画面造型的一个重要因素。

明亮的色彩，由于明度高而形成轻飘、上升、悬浮、轻巧的感觉倾向。大面积的冷色与暗色系的色块，具有强大的内在力量和重量感，由一种沉重、下坠如黑铁般的强硬感。

在服装设计中，春夏装通常多用浅色，突出轻盈、飘逸的感觉；秋冬装色彩搭配多用深色，给人厚重、沉稳的风格印象。

5. 色彩的动静感

色彩动静感的形成来自联想，蔚蓝让人联想到晴空万里、辽阔大海，会有胸襟开阔的感觉，由深蓝联想到月夜，会有寂静安定的感觉。

暖色、明度和彩度高的色彩，对人的视网膜及脑神经刺激强，会引起生理机能的加剧，促使血液循环加速，如长时间地注视红色或橙红色会有眩晕感，这就是脑神经兴奋引起的。一般来说，冷色、明度和彩度低的色彩会有沉静感，也有减弱刺激的生理因素在内。

色彩明度关系、彩度关系对比悬殊的配色，也能引起张力强、动势强的视觉感受。活动性强烈的高彩度色彩组合，色彩会相互排斥形成抗争的内力，使画面具有很强的动力效应，有一股内在的蓬勃生机，充满活力和运动性。蓝色、绿色、蓝紫色等冷色系组合，有一种内向收缩、温顺沉静的气质，蕴含着孤寂、淡漠、悲凉的静态倾向，传达平和安定的静态效应和含蓄意境。

色彩动静感在卡通人物中运用非常多，一般活泼傲娇的角色都会用红、黄、橙等暖色调；而冷酷的角色，一般都是使用银色、浅蓝、黑色等低饱和度色彩，或者冷色调的颜色进行角色塑造。

四、色彩对消费者的心理影响

（一）色彩心理学基础

1. 色彩的感知和心理

人的色彩感觉大体上可以分为直觉反应和思维反应两个阶段。所谓直觉反应，是指几乎不假思索而感觉到的色彩现象，而经过思考得出的色彩判断，则是思维反应的产物，通常前者被认为是生理上的，后者是心理上的。

色彩生理和色彩心理是同时交叉进行的，它们之间既相互联系，又相互制约，在实际生活中，很少把生理与心理反应分割开来，心理反应是多种生理反应的综合。

色彩的心理感知功能是由生理反应引起思维反应后才形成的，主要通过联想或想象形成，人们的心理往往受到年龄、经历、性格、情绪、民族、风俗、地区、环境等多种因素的制约。

2. 色彩的情绪和象征

色彩作用人们的生理和心理，综合产生出色彩的冷暖、轻重以及前进与后退等感受，而这一感受向更高一级发展，就是人们对色彩的情绪联想，即色彩的情绪与象征。

色彩是一种物理现象，但人们却能感受到色彩的情感，这是因为人们积累了许多视觉经验，一旦直觉经验与外来的色彩刺激发生一定的呼应时，就会在人的心理上引发某种情绪。

色彩的象征效果产生于色彩经验，这类经验极少数是个体性的，大多是流传了几百年的传统，特定的色彩可以对人们的情绪产生一定的影响，并具有一定的象征意义，而色彩象征意义的表达是色彩心理研究的主要课题。

（二）不同色相的色彩印象

1. 红色的心理效果和色彩应用

在可见光光谱中，红色是波长最长、振幅最小的单色光。试验发现，单纯的红色光线最令人情绪激动，红色光线下的色彩视觉特征是成像相对模糊，在红光下观察物体容易造成视觉疲劳。

①红色自然印象：火、血液、太阳、水果。

②红色积极色相风格：温暖、激情、热烈、兴奋、生机活力、喜庆、吉祥、成熟、爱情、幸福、斗志、食欲。

③红色消极色相风格：暴力、恐怖、危险、侵略、冲动、禁止。

红色的感情效应极强，富有刺激性。红色的单色性在人的色彩视觉反应中是最坚定的。由于红色容易引起注意，具有较强的明视效果，一般被用来传达活力、积极、热诚、温暖、前进等含义，另外红色也常作为警告、危险、禁止、防火等标识用色。总之，红色是激情、强烈的象征，表达的情绪总是与极端幸福或者极端痛苦有关。

红色是中国人最喜爱的颜色之一，代表着喜庆、热闹与祥和。红色也是中国传统五色"青、赤、黄、白、黑"之一。在中国人的观念中，中式婚嫁也都是红色的，那是喜乐的象征，更是幸福的寄予。

红色具有强烈的表达性，色感温暖，性格刚烈而外向，是一种对人视觉刺激性很强的颜色。所以很多运动品牌、权威企业会倾向于选用红色。

不同色调的红色给人以不同的色彩情绪：

①红色加白——淡红色的情绪：圆满、温和、愉快、甜蜜、优美、健康、幼稚、娇柔。

②红色加黑——暗红色的情绪：枯萎、固执、孤僻、憔悴、烦恼、不安、独断。

③红色加灰的情绪：烦闷、哀伤、忧郁、阴森、寂寞。

粉红色是弱化的红色，由红色和白色混合而得，粉红给人的感觉是柔和的。如果说红色是强大的，那么粉红就是弱小和娇嫩的，其色彩效果非常依赖周围环境，和黑色在一起显得鲜艳，和白色在一起就比较苍白，和蓝色在一起显得冰冷，和黄色在一起则显得温暖，如经典的洛可可粉色是女性化的代表色彩。

2. 蓝色的心理效果和色彩应用

蓝色是三原色中最冷、明度最低的色彩，其光波长度仅次于紫色。在可见光谱中，蓝色是一种明度较低的色相，是一种典型的冷色调，波长较短，振动频率快，所以给人以稳定的印象。蓝色在视觉上给大部分人的感觉是退缩的，具有深远的空间感。

①蓝色自然印象：天空、海洋、宇宙、水、地球、太空、星空。

②蓝色的积极色相风格：冷静、理智、沉静、安详、广阔、神秘、纯洁、忠贞、高贵。

③蓝色的消极色相风格：忧郁、悲伤。

蓝色对人心理和生理的影响是有利于平静，蓝色对于人类的经神类疾病具有镇静功效已得到很多实验验证，也常作为疗愈色帮助人缓解压力，但是有时蓝色也被认为是一种消极的颜色。

在许多东方国家，蓝色有深邃、希望、干净、清醒的特点，是气质和修养的象征。蓝色品牌标示中有"值得信赖和成熟"的象征，具有理智、准确的意象。在色彩心理学里代表信任、理性、专业。在几乎所有行业的标识中都有超过一半的应用，因为蓝色具有在办公或商业空间设计中符合科技风格，强调技术和效率的特性。

在许多西方国家，蓝色是上流社会的颜色，代表尊贵、奢侈、珍贵、爱慕的意思，同时蓝色也有忧郁的意思。

根据美国自由职业者市场99designs的研究，蓝色是"经典的色彩之王"。很多制服都是蓝色的，蓝色牛仔裤在全世界流行，联合国与世界卫生组织的旗帜也都是蓝色的，几乎所有镇痛剂的外壳都是蓝色的，因为蓝色可以代表平和、冷静、中立、友善。

不同蓝色产生的感觉差异很大，明亮的蓝色容易让人联想起晴朗的蓝天和辽阔海洋，而深蓝色却让人感觉阴沉和冷酷，总体上蓝色对心理和生理的影响是有利于平静的。

不同色调的蓝色给人以不同的色彩情绪：

①蓝色加白：高雅、轻柔、清淡。

②蓝色加黑：沉重、悲观、幽深、孤僻。

③蓝色加灰：粗俗、可怜、压力、沮丧。

中国传统"蓝染"的靛蓝色取之于蓝草，经过浸泡后产生液体，将衣服浸泡其中再晾干，就会呈现出自然的靛蓝色了，这种颜色以其低彩度的蓝灰色在设计中给人以东方疗愈的美感。

3. 黄色的心理效果和色彩应用

作为纯色中最富有光线感的色彩，黄色是可见光中最明亮的颜色，它能够以最大的明度显示其饱和度，其色彩表现非常抢眼，具有强烈的引人注目效果。由于黄色的明度高，常被用于醒目的标志上，在暗色的背景下，黄色被衬托得更明显。

①黄色自然印象：黄金、芒果、香蕉、玉米、谷物、向日葵、银杏。

②黄色的积极色相风格：快乐、明朗、积极、年轻、端庄、青春、可爱、朝阳、丰收、活力轻松、辉煌。

③黄色的消极色相风格：冷漠、高傲、敏感、不安宁、娇气、喜新厌旧、疾病、懦弱、脆弱。

黄色是一种灿烂的颜色，在古时中国黄色代表高贵优雅、象征权力。从人文始祖的尊号"黄帝"，到秦汉以后皇室专用的黄色，再到明清故宫的黄色琉璃瓦屋顶，中国古代皇室似乎偏爱黄色，把黄色的使用权据为己有。

温暖的"黄色"是一种金子的色彩，是象征太阳和创造的色彩，它负载有欢乐、富有、光荣等情感意义。

黄色也是艺术家们特别喜欢的颜色，可以激发他们的创造灵感，其中比较典型的代表就是梵高的《向日葵》，梵高通过该系列作品向世人表达了他对生命的理解，并且展示出了他个人独特的精神世界。

不同色调的黄色给人以不同的色彩情绪：

①黄色加白：柔和、单薄、娇嫩、可爱、幼稚、无诚意。

②黄色加黑：成熟、端庄、随和、多变、秘密、粗俗。

③黄色加灰：不健康、陈旧感。

4. 绿色的心理效果和色彩应用

绿色是色光三原色之一，在颜料的六种基本色中是黄色和蓝色混合产生的间色。绿色的光波长度为500~570nm，在七色光谱中处于中间的位置，是冷色和暖色的交接色，人眼对绿色光的分辨能力很强。

人们对绿色光的反应最平静，画家康定斯基认为绿色最具人间的、自我满足的宁静。绿色不向四周扩张，也不具有向外扩张的感染力，不会引起快乐、悲伤或激情等情绪体验。绿色传达肃静、安全、纯真、信任、公平、亲情的意念。

①绿色自然印象：森林、草原、春天、绿叶、水稻、植物。

②绿色的积极色相风格：自然、生态、环保、未来、清新、希望、安全、纯真、信任、公平、亲情、居中色、生命、平静、舒适、食物链。

③绿色的消极色相风格：忌妒、莽撞。

绿色首先是生命的象征，这种象征缘于植物，古埃及人以绿色象征生命轮回再生，他们崇尚绿色，并把它作为生命色彩象征的主要选择。古罗马人认为绿色是维纳斯的颜色，象征萌芽阶段的爱情。

不同色调的绿色给人以不同的色彩情绪：

①绿色加白：宁静、清淡、舒畅、轻浮。

②绿色加黑：沉默、安稳、自私。

③绿色加灰：湿气、倒霉、腐朽。

翡翠绿是一种无垢清澈的鲜艳色彩，给人一种希望、积极向上的印象，翡翠绿适合在休闲场合使用，搭配暗淡的色彩可以表现适当的明亮效果。

当越来越多的现代人渴望将室外元素带入室内，希望将健康的生活方式贯彻于日常活动当中时，绿色、木质、旱植等与自然相关的设计元素便唤醒了都市人群对户外自然生活的向往，回归最本质的生活状态。静谧安宁的植物本色，大自然无时无刻不在提供着有机舒适的原生色盘，将绿色应用于家纺领域，能营造贴心舒适的静谧之美。

5. 紫色的心理效果和色彩应用

紫色是两种基本颜色——红色和蓝色的混合体，大多混合色彩总让人感到暧昧、不客观，其中最不客观的就是紫色，它到底是红色光多一些还是蓝色光占比多，从未有过明确的答案，大家对紫色的印象总是随着光线变化而变化，红色和蓝色两种对立的基本颜色，在紫色中同时保持了自己潜在的影响力。

①紫色自然印象：水晶、紫罗兰、薰衣草、紫藤、葡萄、紫薯。

②紫色的积极色相风格：优雅、高贵、权利、虔诚、信仰、魅力、权利、声望、神秘、印象深刻。

③紫色的消极色相风格：自傲、压迫感、孤独、迷信。

在中国古代传统中，紫色象征着权贵，五品以上的高官才能穿紫袍，高僧才能够穿紫色的袈裟，贵夫人才能穿紫色的服装，紫色有神秘、庄重、华丽、高雅的意思。秦汉时期以紫为天之色，紫穹、紫宙、紫虚都是天空的代称，紫色为神圣的颜色，故宫又名紫禁城。

在欧洲，紫色是教皇专用的色彩，是教皇权力的象征。

在艺术家的眼中，紫色是最有灵魂的颜色之一，代表了神奇与灵性感知，而这些联想将直接超越该感官色彩本身。紫色特有的场景化色彩属性，通常作为秀场布展、展厅卖场或模型空间设计。在室内色彩应用方向，紫色在作为背景墙时，通常是灰紫色和暗紫色，也可作为家装软装设计的重要参考，如窗帘、家纺、沙发等，以紫色来营造复古典雅的色彩风格。

不同色调的紫色给人以不同的色彩情绪：

①紫色加白：女性化、清雅、含蓄、清秀、娇气、羞涩、暧昧。

②紫色加黑：虚伪、渴望、不详、恐怖。

③紫色加灰：衰老、会议、矛盾、枯朽。

紫色因与夜空、阴影相联系，所以富有神秘感。紫色易引起心理上的忧郁和不安，但紫色又给人高贵、庄严之感，通常女性对紫色的喜好更甚。

6. 灰色的心理效果和色彩应用

灰色属于无彩色，是介于黑和白之间的颜色，在黑色和白色之间按对数关系分级称为"灰度等级"，灰度等级越多，黑白层次越丰富。中性灰色是一种无彩的平淡色，非常容易被明暗与色相的对比所影响。

①灰色自然印象：冰雪、雾气、石头、水墨、煤炭、羊毛、斑马、乌鸦。

②灰色的积极色相风格：纯洁、力量、和谐、浑厚、静止、谦虚。

③灰色的消极色相风格：枯燥、中庸、寂寞、阴暗、死亡。

在服装领域，灰色是经典风格和实用主题中的常规色彩，极具包容性，亦刚亦柔，适合演绎中性风格和不拘一格的前卫单品，兼顾个性与商业性。

灰色是中性色彩，通常与其他颜色进行搭配以保留其他颜色的色彩属性而被广泛应用于服装领域。明度高的灰色具有与白相近的风格，明度低的灰色则具有与黑相近的风格，适合百搭。

在室内设计中，家纺类产品以白色居多，可以营造安全、温暖、卫生、干净之感；硬装产品如石材大部分都是无彩色，黑、白、灰也是室内地面常用色，如黑白大理石、水磨石、微水泥等。从设计风格上来看，无彩色也是新中式、意式、北欧风、工业风等的典型元素代表。

第四章

色彩营销的研究
和分析方法

一、色彩营销概述

（一）色彩营销的定义

色彩营销就是要在了解和分析消费者心理的基础上，做消费者所想，给商品以恰当定位，然后给产品、店铺等配以恰当的色彩，使产品高情感化，成为与消费者沟通的桥梁，实现"人—色彩—产品"的统一，将产品的思想传达给消费者，提高营销的效率，并减少营销成本。

从内容上讲，色彩营销结合了色彩和营销两方面的知识，一方面分析了目标消费者的具体色彩偏好，同时掌握消费者根据色相联想所形成的色彩偏好差异性和趋同性；另一方面它在企业的形象设计、产品色彩设计、市场营销中灵活运用各种色彩组合策略，真正实现色彩与产品的有机结合，达到提高产品市场竞争力的目的，最终促成产品销售。

（二）色彩营销的理论依据

1. 色彩调节

西方国家很早就认识到色彩的潜在竞争力，并将色彩资源用到实际的营销策略中，从而增加了产品的附加值。

"营销"这个词最早的使用可追溯到1910年的美国。20世纪20年代，美国的派克笔厂商在营销中首次使用了色彩元素，可以说是最早的色彩营销案例了，1927年色彩作为促进销售的手段，首次被应用在汽车设计中。

20世纪50年代美国著名色彩学者费伯·比伦（Faber Birren）发表了他的研究成果，将色彩的心理效果应用到日常生活和商业活动中，既可以给人们带来愉悦感，又可以提高销售额。"色彩调节"（Color Conditioning）概念闪亮登场，色彩学者的研究成果为色彩营销提供了科学的理论依据。

2. 7秒钟定律

美国流行色彩研究中心的一项调查表明，人们在挑选商品的时候存在一个"7秒钟定律"，即面对琳琅满目的商品，人们只需7秒钟就可以确定对这些商品是否感兴趣，成为决定人们对商品喜好的重要因素。而美国营销界也总结出了"7秒定律"，即消费者会在7秒内决定是否有购买商品的意愿。

商品给消费者的第一印象可能引发消费者对商品的兴趣，希望在功能、质量等其他方面对商品有进一步的了解。而在这短短 7 秒内，色彩的决定因素为 67%，这就是 20 世纪 80 年代出现"色彩营销"的理论依据。

3. 四季色彩理论

"四季色彩理论"是当今国际时尚界十分热门的话题，它由美国的卡洛尔·杰克逊（Kalol Jackson）女士发明，并迅速风靡欧美，后又被多个国家引入。玛丽·斯毕兰（Marry Sillane）女士在 1983 年把原来的四季理论根据色彩的冷暖、明度、彩度等属性扩展为"十二色彩季型理论"。

四季色彩理论根据人与生俱来的肤色、发色、瞳孔色为依据，对色彩体系进一步细分，分别被命名为春、夏、秋、冬四大体系。每个体系中的色彩群和谐容易搭配，每个人都可以在四季色彩谱中找到自己的最佳装扮用色。

四季色彩理论在全球的流行，极大地推动了大众消费者对色彩的关注度，提升了色彩在产品设计尤其是时尚领域中的重要地位。

（三）色彩营销的功能

根据色彩理论研究和对顾客购买行为的分析，色彩对顾客购买情绪和行为的影响方式有四种：色彩追求、色彩兴趣、色彩惊讶和色彩愤怒。

1. 色彩追求

当市场出现大家争相追捧的色彩时，顾客会对流行色进行追踪寻求，产生一种随潮购买行为。每年都会出现各种流行色或者年度色，当这种具有权威性的流行色发布后，相关的受众就会对流行色产生追求，可以理解为一种追随潮流的购买行为。

WGSN 与 COLORO 在全球范围内提前一到两年向市场发布趋势信息，同时推出五大关键流行色。通过色彩，我们可以传递一种积极的情绪，治愈消费者倦怠的身心，WGSN 与 COLORO 联合发布的 2022 年春夏色彩，从日常生活中捕捉感官乐趣，提取能增强快乐情绪的颜色，营造出新鲜感与熟悉感之间的可靠平衡。

COLORO 联合 WGSN 发布的 2022 春夏流行色五大关键色系中，颜色的名称和 COLORO 色号分别为黄油色（040-86-20）、橄榄油绿（044-52-13）、芒果雪糕色（030-67-34）、大西洋蓝（115-35-20）、蝴蝶兰色（150-38-31）。

2. 色彩兴趣

色彩兴趣是指顾客对某种色彩产生好奇和兴趣，并能激发其购买热情和欲望，会欣然购买。例如，有人因为 RIO 鸡尾酒的各种好看颜色而将其买回了家，这就是因为"色彩"而产生了兴趣。

许多饮品公司在包装方面投入了大量资源，有的好看、有的好玩，按照以往的惯例，它还会准备配套的内容在社交媒体等渠道上推广，这也让"饮品新包装"成了互联网上长盛不衰的话题之一。人们对饮品的包装感兴趣，不仅是品牌的情怀效应，更是因为它将瓶身实用性、趣味性、美观性做到了独树一帜。

3. 色彩惊讶

色彩惊讶是指当顾客突然发现某商品具有自己喜爱而平时非常少见的色彩时，会迅速调整购买行为，果断而兴奋地购买。色彩惊讶跟色彩兴趣差不多，也是对某一色彩产生兴趣。但不同的地方在于，色彩惊讶是对于平时很少见的色彩产生兴趣后果断购买的行为。

品牌运用颜色的改变制造话题，在如今的市场中已经屡见不鲜，这便是品牌借助色彩惊讶的功能性，为企业塑造的第二形象。

李宁公司推出的中国职业篮球联赛总冠军纪念球衣每次发布都会出圈，在球迷圈中引起不小的热度，除了其独特的色彩和图案外，更多的原因是夺冠纪念套餐产品的独特意义与稀缺性。

4. 色彩愤怒

色彩愤怒是指当顾客认为某种商品是不祥、忌讳的色彩时，会产生一种潜在的不安全感，因厌恶而不屑一顾，甚至对品牌反感。比如蓝色是让人没有食欲的颜色之一，冷色食物会降低吃东西的欲望，有减肥的作用。

企业在运用色彩促销时要尽量利用前三种的颜色影响作用，防止出现颜色愤怒的情况。

（四）色彩营销的商业价值

色彩营销为个人、企业品牌，带来了全方位的营销效果。很多商家抓住商机，运用色彩理论进行产品营销，成功者数不胜数。国外从 20 世纪 80 年代就开始实施色彩营销战略了，此战略现已在国内被很多企业广泛采用。下面介绍三类常用的色彩营销在实际商业中的助力行为。

1. 色彩塑造品牌形象

调查数据显示或者研究表明，色彩可提高80%的品牌认知度，增加品牌理解能力达73%；在消费者关于是否购买的决策中，颜色因素占85%之多。

国际流行色协会调查数据显示，在成本不变的情况下，合适的、受欢迎的色彩设计可给产品带来10%~25%的附加值，为品牌带来持续的利益增长。所以色彩有能力直接影响消费者购买的决定和品牌的利益增长。

色彩让品牌符号的传播更加立体、生动，品牌色的统一运用能令品牌视觉形象更快速地占据消费者的认知记忆。比如可口可乐会让人想到红色，百事可乐会让人联想到蓝色，麦当劳会让人想到黄色，星巴克会让人联想到绿色。

2. 色彩助力产品设计

随着工业技术的发展，色彩在产品设计上的重要性日益突显。在设计中，将色彩运用于产品，以色彩界定产品形状，以色彩的流动表现产品个性，展示色彩独有的魅力。

色彩对人的影响是客观存在的，不同的色彩会对人产生不同的刺激反应，同时对人的性格、气质、行为活动都有重要影响。

在产品设计中，色彩是抓住消费者眼球的关键因素，合理运用色彩可以激起消费者的购买欲望，提高产品市场竞争力。

产品设计中色彩的应用原则，一是色彩的设计要建立在功能之上，色彩的首要目标是满足消费者生理和心理上功能的需要，要求色彩与产品的形态、功能、结构等方面匹配统一；二是色彩的设计要以人为本，真正关注消费者的用户体验和要求，按照审美规律与设计载体来进行创造，打造人性化的产品设计，以满足人们的需要。

3. 色彩烘托消费场景

要想让销售计划顺利实施，产品必须能给顾客留下深刻的印象。一般来说，销售计划的成功运作需要借助于商品本身、包装设计、资料宣传、商品陈列等色彩形象策略的帮助。

色彩不仅是一个调色板，更是一个战略，恰当运用色彩可以帮助消费者理解产品故事，并引导他们走进卖场购物，用颜色表现产品陈列的特点，可以帮助品牌突显焦点产品。对色彩的整体把握，可以很好地使卖场主打产品突出，并最大限度地提高视觉冲击力，与消费者产生共鸣。

在终端卖场要了解陈列每一个产品颜色的位置，应用好色彩，合理安排，色彩的规划布局搭配应结合具体终端的环境状况以及对当地市场的战略布局去适当调整，因地制宜、因时制宜。

品牌在打造卖场橱窗设计时，通常会优先考虑品牌的基因色和品牌符号，最大程度地发挥色彩的隐性价值。

二、不同领域的色彩营销分析

（一）服装领域的色彩营销分析

在服装产品的设计、研发、生产和销售中，色彩都是极其重要的一个环节，准确把握色彩营销在服装产品中的应用，可以更好地提升服装产品在市场中的竞争力。

对于服装品牌或企业来说，可以从品牌标识、产品定位和卖场陈列中探索色彩营销的商业价值，使其更好地助力品牌宣传，与目标消费者达成情感共鸣。

1. 品牌标识中的色彩营销及技巧应用

在品牌标志设计中，色彩搭配对品牌宣传而言是至关重要的，色彩是构成标识的一个重要元素，也是设计作品产生的视觉冲击力和感染力的一个重要前提，很多品牌都把品牌标识作为其独特性的一个显著特征。

色彩在标识设计中的视觉冲击力，通常表现在色彩的搭配和选择上，会根据品牌的产品属性筛选颜色，选择能让受众喜爱的颜色，进而增强作品的视觉冲击力。作为图形艺术设计的一种，标识设计有其独特的艺术规律和设计特征，存在于图形艺术设计领域中，同时又独具个性，其设计方面的难度要比大部分的图形设计大得多。色彩、图形、文字和形式编排是标识设计的四个基本元素，其中色彩是最为直观且必要的设计元素。

红色具有强烈的表情性，色感温暖，性格刚烈而外向，是一种对人视觉刺激性很强的颜色，很多运动品牌、快时尚等倾向于选用红色作为LOGO色，其主要原因在于：第一，LOGO容易被看到；第二，LOGO容易被理解；第三，LOGO容易被记住。这三个原因使红色在众多LOGO色中脱颖而出。

奢侈品公司的标识通常是黑色、白色居多，从产品视觉设计角度考虑，主要有以下原因：

①复古经典：为凸显品牌悠久的历史文化，并传递"经典"的感觉，具有历史气息的"黑白"自然是不二的选择。

②零售拒：表现冷淡的态度，往往又能让消费者觉得这个品牌的确很高端，卖得贵也很正常。

③激发想象：明度的极致就是黑和白，黑白本身就是无色相色，无色相色对人们的情绪影响最少，能有一种沉稳高档的格调。

④突出主题：色彩更多是作为背景图，来烘托广告中最重要的元素——产品。

⑤学会克制：通过尽量减少（色彩）信息的表达，从而实现"突出主题"和"激发想象"的终极目的。

2. 产品定位中的色彩营销及技巧应用

一般来说，成熟的品牌服装系列所使用的颜色通常由品牌色、常用色、流行色三者相互搭配而成。在产品的设计中，品牌色通常是该品牌系列产品的主要用色，能够营造浓郁的品牌氛围，而带有鲜明色彩文化的品牌服装产品将毋庸置疑能吸引消费群体的目光。

虽然设计师和品牌不断寻找色彩上的新意，但核心基础色彩仍是主流，通过配合材质和剪裁创意，基础色彩的款式可以展现全新的时尚感，比如黑色调产品。黑色调是最安全、最基础的色彩，但是消费者已不满足于一成不变的传统单品，这让各个品牌争相推出纹理和视觉层次丰富、剪裁与工艺别致的设计。设计师以黑色调作为切入点，重新考量产品在不同环境和场合的穿搭体验，推出适应全天候或跨季性的单品。

在日常生活中的通勤、休闲和居家场景下，清淡的色彩为情绪和视觉带来舒缓和镇定作用，提高了产品的使用率和耐用性。特别是应用在贴身穿着的运动打底、触感针织或带有体积感的机织剪裁中时，清淡的颜色可以让产品呈现柔和、舒适、低调的氛围，很好地平衡和兼顾设计的独特性与商业性。

单色设计仍然极为关键，从服装到配饰和鞋品，流行色彩都能快速抓住消费者的视线。随着数字审美和环保理念在时尚领域的不断深入，蓝色调在近几季持续释放其影响力，并变得越发丰富、明亮。从现代洋裁到街头休闲造型，众多风格均适用此色。同时，大众消费者可以通过越来越多的线上渠道同步且深入地了解时装周信息，能在荧幕上脱颖而出的超级亮色也不容忽视，抢眼的全身单一亮色造型是品牌关注的流行色特点。

3. 卖场陈列中的色彩营销及技巧应用

构成视觉陈列的要素很多，其相辅相成，共同发挥作用。商品陈列中，第一重要元素是色彩，它会起到渲染产品主题、助力商品销售、营造店铺氛围的作用。进行服饰陈列时必须注意色彩的搭配，要实现整体上的统一，使服饰陈列达到和谐统一。

陈列是影响顾客进店人数的关键因素，有调查表明，顾客在购买前作出的决定有87%取决于合适的陈列。陈列得当能够营造出整体卖场的氛围，舒适的氛围是引起消费者购买欲的一种手法。在服装陈列中，色彩是重要的因素之一，只有正确认识并运用色彩，才能把店铺陈列设计好。

在进行店铺装饰时，一定要牢记主色不过三的原则，其他辅助色彩也不能过多，以免繁杂无序，破坏主导色的效果。大块使用高彩度颜色很容易使顾客产生排斥感，所以同样不宜使用。正确地使用服饰陈列中的色彩的具体原则是：颜色要适合商品销售的季节，确保店内的色调与商店的性质、风格相一致。

通常卖场的陈列色彩搭配方式有：同类色陈列、邻近色陈列、对比色陈列、渐变色陈列、间隔式陈列、彩虹式陈列等。

（二）其他领域的色彩营销分析

1. 室内设计中的色彩营销及技巧应用

潮流易逝、风格永存，对室内装饰"风格"的认知偏差，往往是设计师和业主之间沟通的障碍。

室内风格主要体现在地面、墙面、天花板的装饰方式和家具、灯具、配饰等软装款式，但色彩往往能够突破固有风格，重塑空间。在室内设计中，通过色彩组合所营造的氛围，基本上就能够确认风格的基调。

在色彩搭配的过程中，我们应该根据整体风格进行协调，色彩可以弥补室内空间布局的不足，有效的色彩搭配可以增加房间的空间感。

简约风格的装修设计很少会使用过于多的色彩颜色，一般会选择白色、米色、黄色、灰色以及一些较为清淡的颜色。

轻奢风格的配色中，选取白色系为主要基底的清浅色调，辅以黑色、金色、奶咖、驼色、灰色等高级色系作为点缀，以此营造出极简轻奢的味道。

中式风格的家具多以深色为主，墙面色彩搭配以苏州园林和北京民间四合院的黑、白、灰色为基调，在黑、白、灰基础上以皇家住宅的红、黄、蓝等作为局部色彩，但是局部色彩也几乎不出现突兀的鲜亮艳色。

古典主义装饰风格趋向于舒适、品位、特色、充满文化内涵，设计风格也就是比较怀旧，而且有浓重的欧洲建筑的色彩。

基于蓝色安全、稳定、健康等寓意，涂料品牌很多都选择蓝色作为主视觉识别（VI）色，蓝色适用于多种风格和室内功能区的装饰应用，如蓝色家纺用品以及不同色调的蓝色涂料涂刷的卧室、客厅、儿童房等。

2. CMF 设计中的色彩营销及技巧应用

CMF 设计是与消费者的行为习惯、喜好及心理直接挂钩的，产品设计过程中可以通过感官，比如视觉冲击、嗅觉及触感等刺激消费者，来赢得消费者的青睐，以此为基点来做产品设计创新，利用通感设计将产品与用户紧密关联，这是一种行之有效的方法，能与用户心理达成共鸣的设计方为上乘设计。

苏泊尔（SUPOR）真空极养破壁料理机曾获 2017 年国际 CMF 设计奖，这款产品将色彩的功能性真正发挥了出来，简单来说就是可以用色彩来显示冷热饮交替的情形，比如红灯显示热饮、蓝灯显示冷饮，从色彩暗示及消费者心理方面做颜色变化性的设计，从视觉上更直观地迎合用户的使用需求，更便捷也创意满满。

三、本土文化的色彩魅力

本土文化主要是指扎根本土、世代传承、有民族特色的文化，本土文化既有历史传统的沉淀，同时也有生活的变化和发展。

本土文化并非传统文化，它是各种文化经过本民族的习惯和思维方式沉淀的结晶，属于重新阐释的文化，具有独特性、民族性与纯粹性，是本土独创的一种文化形式，它是将传统文化进行整合发展的一种文化形式。

随着地域之间的界线模糊，本土文化已不是绝对的本土化，它已逐渐融入国际化的范围内，是国际化的基础部分。本土文化的类别主要包括生活应用类、传统民俗类以及风土民情类等。

（一）中国传统色彩

1. 中国传统色彩概念

不同国家的文化内涵背景中都有着不同的色彩秩序。在世界文化中，东方色彩是一个庞大的概念与视觉体系，具有独特的经验智慧和文化结构。

中国传统的色彩来自天地万物，来自古老文明，遍布于诗词、典籍、史书、佛经、服饰、器物、饮食、自然、宇宙、伦理、哲学等观念中，蕴含着浓厚的色彩美学和历史故事，形成了特有的中国色彩文化。

2. 五色学说及色彩应用

中国传统五色观认为"青、赤、黄、白、黑"五色为正色。《尚书·禹贡》中最早提到"五色"一词，曰："徐州，厥贡惟土，五色。""五色"就是传统色彩最基本的表达形式，古人认为五色是产生自然万物本源的五种元素，一切事物的来源都是如此。

青，就是指含绿色成分的蓝色。古人把正气凛然廉洁的官员称为"青天"，青色是春天的象征，延伸出坚强、生命、希望、乐观等含义。因为青色的染料容易提取，又清爽淡雅，在古时候平民的衣着最常见的颜色就是青色。

赤，相当于现代色相中的大红。赤的同义词是"朱"，不过比朱色浅，周代用赤色颜料染色时，染三遍得到赤色，第四遍才变成朱色，所以朱比赤尊贵。赤色即为红色，红色代表了火和太阳的颜色，是华夏民族最早崇拜的颜色之一，其贯穿了整部华夏历史。隆重典礼、民俗、嫁娶、过节等，都广泛地运用红色。

黄，色相接近现代的橙黄。黄土的颜色自然就成为参照对象，并且由于染色技术的限制，当时的丝织品大多呈现储黄。黄色在五色中居于中央位置，是最尊贵的色彩。中华文明起源于黄土漫漫的平原，自繁华的大唐开始，黄色俨然成为雍容威严的皇室象征。

白，在五色中是基础色，在《淮南子》里就曾写道："白立而五色成矣。"白色有着朴素、高雅、纯净的意味，在中国文化中还代表着对逝者的追悼。

黑，则是"所熏之色"，同现代颜色没有差别。黑色代表了天空的颜色，在《千字文》的记载中："天地玄黄，宇宙洪荒。"黑色是中国古代史上崇拜最久的色彩。黑色深沉、浓重、神秘，在传统文化中黑色有严厉正大的涵义，曾是秦朝的帝王之色。

秦汉时期，颜色的选择各式各样，但从整体来看，不论是服饰、壁画，还是帛画，都是以黑色和红色为主。

隋唐时期依然延续使用五色的色彩礼制，等级划分制度在色彩中的体现也越来越明显，服饰和建筑中以黄为尊。

宋朝的色彩在服装方面基本上继承了隋唐时期的特点，不同之处在于宋朝时期服饰的色彩进行了组合，强调色彩与色彩之间的不同组合变化，这与隋唐时期以某一颜色为主色的方式有所不同，这一时期，以墨色为主，配以青色、绿色成为宋代的色彩主流。

明清时期，无论是服装还是壁画，在颜色的使用上都更加丰富。如在当时瓷器中非常珍贵的景泰蓝，不仅有青色、蓝色、红色等传统正色，浅绿色、浅紫色、粉色、嫩黄色也有所体现。颜色的使用多种多样，装饰独特华丽是这一时期的典型特点。

3. 青花瓷及色彩应用

青花瓷起源于唐代。原始的青花瓷在唐代已经开始出现端倪，成熟的青花瓷则是在唐代中期才慢慢出现，到了明代时期青花已经变成了瓷器物品的主流品种。在清朝康熙时期更是将青花瓷发展到了顶峰。明清时期，还创烧了青花五彩、孔雀绿釉青花和豆青釉青花等各种各样的青花瓷品种。

在国际时尚潮流中，青花瓷是中国的代表元素之一，它不仅是优秀古典文化的代言人，更是现代的时尚宠儿，这种美艳青翠欲滴的蓝白花纹，被丝线勾勒喷绘或刺绣在了霓裳华服之上。褶皱之间，尽显设计师们对东方传统文化素雅之美的热捧与迷恋。

4. 唐三彩及色彩应用

唐三彩中的"三"是多的意思，并不专指三种颜色，全名为"唐代三彩釉陶器"，是盛行于唐代的一种低温釉陶器，釉彩有黄、绿、白、褐、蓝、黑等色彩，而以黄、绿、白三色为主，所以人们习惯称之为唐三彩。

唐三彩作为低温釉陶器，是以白色黏土为胎料，用含铁、铜、锰等金属元素的矿物作釉料的着色剂烧制而成的。这些不同的矿物质经过烧制，能呈现出红、绿、褐、黄、蓝等不同的颜色。釉中含有铅化合物作为基本熔剂，铅的熔点低，会在烧制过程中带动釉料流动，各种颜色相互混合，唐三彩的颜色就更加缤纷。

后世设计师根据传统色彩的提取和创新，保留了绿色的基调色，将黄棕色替换成了更饱和的红色，突出舞台戏剧效果，妆容、发饰细节参考唐三彩仕女陶俑进行了创新。

（二）国潮新符号

国潮是将传统文化和现代潮流审美进行结合的一种潮流，也是一种现象，其具备中国传统文化的基因，与当下潮流融合，具有时尚感，符合当下绝大多数受众的潮流审美，深受很多年轻人的喜爱。"国潮"的"潮"不属于特定的领域，也不属于固定的行业，可以是电影、视觉、声音，甚至是漫画、潮玩等。

1. 服饰文化中国潮新符号的应用

国潮色盘整体以淡雅中性色为主，而明艳的优雅深红色和明黄色的出现，赋予色盘更为浓郁的中国风气息，既展现出中式淡雅高贵的一面，又不失活泼、俏丽和个性。

汉服背后蕴含着中国古代文化和哲学，在很多国潮产品当中都能够看到很多大胆的配色，当这些颜色碰撞在一起时，颇有一种中国戏曲的味道。

汉服之上的图样与服装元素有很多来自中国古代故事，无论是玄幻故事还是神仙故事，通过"漫画风"的处理之后设计在汉服之上，多了几分玄妙的味道，却也有着创新感。

在搭配国潮汉服的过程中，最重要的便是让汉服"活"起来，从而将国潮元素加入汉服穿搭当中，如此一来，在整体造型中我们不仅能够保证汉服的韵味，还能够将很多新奇的元素与风格融入整体造型当中。

新中式风在近几季强势回归，在前几季的国潮趋势下进一步发展升级，形式更为多样百变，色盘更为丰富和具有戏剧性。盘扣、立领、压襟、斜襟等传统元素依旧是新中式方向的关键。梅、兰、竹、菊将以更加考究的方式呈现，刺绣、针织提花都是不错的选择，非遗手工艺的复兴为设计注入文化底蕴，尝试以不同的工艺、材质或使用方式等与当代审美融合，打造更为吸睛考究的单品。

2. 民风民俗中国潮新符号的应用

"新年限定"一直是全球各大奢侈品、设计师品牌和潮牌的必争市场，在2022年家居市场，这股新消费趋势正悄然兴起。品牌商在2022年都将"老虎"作为营销内容，并且迎合中国千禧一代和Z世代消费人群的喜好来输出内容创意。如野兽派推出"醉虎下山"年货铺，联合众多明星开启了新年家居的新潮活动。

家居品牌宜家（IKEA）以家装作为切入点，推出"中国年"坤蒂格（KUNGSTIGER）系列产品，用满载美好寓意的中国传统元素来装点卧室，该系列在外观设计上依旧保持着现代化的简约风格，在色彩上选择了中式大红色来增加节日氛围。

奢侈品牌路易·威登在虎年甄选系列中增加了丝巾、拼图游戏、钥匙扣和餐瓷等产品。生肖虎的威仪形象盘踞于路易·威登经典硬箱，四周环绕丛林叶片，猛虎与品牌经典的Monogram图案交融碰撞出新的火花。

传统节日前后的市场营销往往能唤醒人们对传统文化和民俗的认同和推崇，商业推广在一定程度上推动了普通大众坚守和传承保护文化遗产的信念。龙舟、粽叶等端午元素是较为明显的送礼佳品包装设计参考。浓郁的蓝绿色和金色、红色搭配是最经典的配色。

3. 传统建筑中国潮新符号的应用

水墨江南是典型的中国传统水乡建筑风格，高级灰或低饱和彩灰色的色调，结合圆、方等素色图案凸显画面质感的单纯。

新中式服装设计中保持简约精致的轮廓造型，并借鉴传统中式长衫装扮，呈现飘逸、柔和与优雅。可通过加入光泽垂感或朦胧薄透材质，让视觉感官更加丰富、饱满，结合模糊焦距感的晕染风印花和传统手编元素，打造出别致的街头造型。

广东、福建等东南沿海地带特有的陶土色是带有棕色阴影的红色调，它是大自然的本色，色调沉稳、可靠、亮度适中，可以用在墙壁、地板、床头板或者装饰性纺织品上，在家居中使用效果良好，给空间增添了色彩和个性，但需要注意适度使用色彩面积的合理搭配原则。

四、流行色的驱动力

（一）时尚行业流行色的演变

2020春夏~2023秋冬中国关键色彩赏析如下。

1. 2023秋冬中国关键色彩信息

①数字薰衣草（134-67-16）：在2023年将继续风靡中国市场，紫色历来是神秘的代名词，诗人也常在文学作品中使用该色彩来描绘自然美景或皇家居所。

②钴蓝色（120-28-32）：仍然极为重要，其鲜艳明亮的色调将深受年轻一代追捧。

③浓郁锈色（015-33-25）：让人联想到土壤和大地，充斥着温暖、沉静的质感。

④菠萝黄（035-81-23）：这款饱和粉蜡色在中国被称为"嫩鹅黄"，意为轻盈、柔和、温暖的黄色调，最开始得名于鹅嘴的色彩。

⑤月桂叶（051-62-15）：是一款柔和的橄榄绿，清新而不失现代感。

2．2023春夏中国关键色彩信息

①数字薰衣草（134-67-16）：这是一种具有疗愈效果的粉蜡色，紫色代表了神奇与灵性感知，而这些联想将直接超越该感官色彩本身。

②魅惑红（010-46-36）：这是一种能够吸引年轻消费者的更鲜亮、更有戏剧化的色调，中国艺术家与高端时尚品牌纷纷通过亮红色实现传统与现代的融合。

③小苍兰黄（039-81-31）：在后疫情时代，柔和粉蜡黄油色兴起，但随着经济的日益增强，小苍兰黄作为充满青春活力的原色将越发主流。

④宁静蓝（114-57-24）：尽显冥静气质，与可持续价值相联系。

⑤苹果薄荷绿（065-68-24）：随着消费者越发青睐展现乐观与活力的鲜亮、俏皮绿色调，苹果薄荷绿将成为重要的前卫色彩。

3．2022秋冬中国关键色彩信息

①铜绿色（092-38-21）：是一种饱和色彩，其名称源于氧化铜上所形成的绿锈。这一活力亮色介于青色与绿色之间，标志着传统自然色调的转变。

②青金石蓝（122-25-24）：与历史悠久的陶瓷、绘画与织物紧密相关，从而受到了热衷于改良传统文化的年轻一代的青睐。

③芒果雪糕色（030-67-34）：已在年轻市场中兴起的这一充满个性的亮橙色将随着消费者信心的回归而更加流行。

④工业暖灰（158-56-00）：凭借其经典地位及商业吸引力，将成为中国市场的重要中性色，冷调钢灰色在市场中的作用越发凸显。

4．2022春夏中国关键色彩信息

①蝴蝶兰色（150-38-31）：数码欢乐亮色能与寻求积极体验的消费者产生共鸣。

②黄油色（040-86-20）：是女装中的关键色彩，同时可以将其应用于童装、内衣和配饰中，由于自带轻快感与明亮度，这种色调非常适合在公共空间或酒店以及家居产品中使用。

③橄榄油绿（044-52-13）：是一种跨季色彩，受众面广，适合女装、男装和街头服装，这种绿色带来的舒适经典感也适合商业和住宅内饰使用。

④复古蓝（117-38-07）：治愈感经典色彩的需求推动成熟色调复古蓝在2022春夏聚集人气，这种蓝色常让人联想到环保和回收材料。

⑤水蓝色（088-88-09）：带有治愈感的清灵净水色调适合各类时尚类别，包括女装、男装、配饰和童装。

5. 2021秋冬中国关键色彩信息

①优雅深红色（010-38-36）：此传统风格色彩在2022年2月北京冬奥会期间大放异彩。

②电光金橘色（031-72-40）：是偏橙色的原色亮色，与优雅深红色一样，可以展现中国风元素主题。

③油灰粉（016-77-10）：舒缓基调色彩兼顾宁静和创新，该色也可用于男、女装层搭，打造更加张扬的造型。

④伯爵常春藤（081-39-24）：在奢侈品服装、美容及内饰等方面具有广泛吸引力，根据用途和环境的不同，这一百搭色彩能够展现自然或数字质感。

⑤橄榄灰调无花果叶（059-37-05）：展现自然中性色质感，适用于各个性别与年龄群体。这一内敛色彩为自然及科技材质增添宁静优雅，并可与黄色和油灰粉完美搭配，为空间设计和服装造型营造奢华而又不失质朴的气质。

6. 2021春夏中国关键色彩信息

①晚霞黄（043-75-34）：在中国早已开始流行，这一色彩对消费者有持久吸引力。

②火焰红（015-50-36）：橙色调展现人工合成质感，使其完美契合较年轻的数字一代消费者的审美。

③丝绒松木色（082-43-10）：柔和自然绿色调越来越流行。

④荨麻色（040-59-13）：介于棕色与米黄色之间，在各年龄群体中具有经久不衰的吸引力。

⑤氮气紫（141-43-17）：具有轻微的人工合成质感，随着数字文化越发深入日常生活，该色彩在线上脱颖而出。

7. 2020秋冬中国关键色彩信息

①生物青柠绿（053-79-38）：演变自荧光黄色，在前卫时装和当代艺术

领域，已经渐渐出现它的身影，泛着荧光的青柠绿巧妙地响应了数字化色彩兴起的趋势。

②光谱紫（127-40-25）：内含的蓝色基调为它带来一种宁静的质感，从而与紫色大胆、奢华的传统印象区分开来。

③火炉红（017-46-31）：以橙黄色作为基调，为中国市场经典的红色系注入新的活力。

④超青色（091-55-27）：将重新诠释女性气质色彩在中国的定义，它宁静的绿色基调尤其适合浪漫风格连衣裙，但同时也带有高饱和的数字化特质，为服装设计市场带来几分新奇和现代感。

⑤石黄衣色（033-76-36）：是本季关键色彩，阳光又复古的色彩在时尚和装潢两大领域焕发同样的活力。

8. 2020春夏中国关键色彩信息

①新薄荷绿（065-80-23）：由热门的浅粉蜡色演化而来，代表着前瞻性基调，体现了近乎乌托邦式的积极乐观。

②纯净蓝（093-76-17）：既可作为时尚色，也可作为核心色，是女装、男装和童装的重要色彩，就科技产品、室内装潢、汽车而言，纯净蓝非常新潮，很能吸引女性。

③黑醋栗色（158-51-16）：糅合了粉色和紫色的黑醋栗色在近几季产生重大影响，它既展现粉色的个性魅力，又展现了紫色的现代魅力。

④哈密瓜色（020-72-30）：散发着适合盛夏的舒适感，证明了典型女性化色彩的持续吸引力，它们将渗入其他类型的产品中。

⑤柔黄色（034-70-33）：标新立异又有质感的颜色贯穿整季，适用于女装、男装（尤其是裁剪缝制单品、外套和衬衫）、童装、室内点缀等。

（二）流行色的分析与应用

1. 色相的分析与应用

通过COLORO对2020春夏~2023秋冬中国关键色彩分析中色相结构的分布可以看出，红色和黄色的色相组合占比为41%，红色和黄色也是中国传统代表色；紫色的兴起，打开通往动态虚拟世界的大门，展现了现代生活的多元融合以及数码世界的色彩潮流；蓝色呈现更加浓郁且明亮的氛围，为消费者带来亲切感的同时提振他们的情绪；绿色趋向于自然原色（图4-1）。

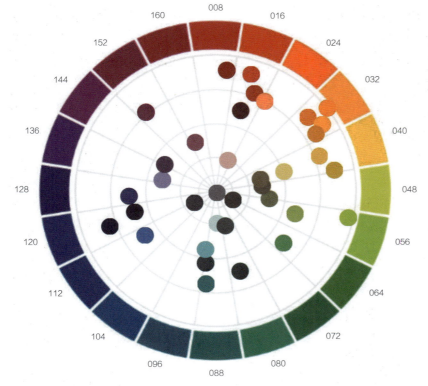

图4-1　2020春夏~2023秋冬中国关键色彩分析（图片来源：COLORO）

（1）红色的色彩应用分析

红色这一根植于中国传统与文化基因中的经典红，以鲜亮且戏剧化的感官，吸引年轻消费者的视线。红色的影响将拓展至各时尚品类，打造中性风格的全身造型，或用于跨季概念和节日限定系列。

在彩妆方面，该色彩可营造冲击力，并与其他原色搭配呈现醒目外观。同时，魅惑红在零售环境和电子消费品领域，也是极其吸睛的商业优选（图4-2）。

（2）黄色的色彩应用分析

黄色一直是中国的重要色彩之一，与权力和富贵之间有着强烈的文化联系。明黄色作为充满青春活力的原色，将受到热爱生活者的推崇，多才多艺的Ｚ世代消费群体热衷于新奇体验，并追求创新的自我表达方式，因此能够与这种饱和黄色调产生共鸣。

黄色可运用至耐穿调色板中，与白色的搭配营造简约学院风质感，这种抢眼黄色调最适合于前卫单品和个性造型（图4-3）。

（3）紫色的色彩应用分析

在中国，紫色代表了神奇与灵性感知，而这些联想将直接超越该感官色彩本身。中国新媒体艺术家冯楚宸打造了一组多媒体互动装置——观乐，将紫色

图4-2　红色的色彩应用（图片来源：WGSN趋势网站）

图4-3　黄色的色彩应用（图片来源：WGSN趋势网站）

融入其中。这一艺术作品将数字技术与古老风韵相结合，并以创新色彩将灵性音乐可视化。

Z世代重塑浪漫美学，以数字迷幻视觉打破经典传统氛围，凸显个性的时尚气质，作为百搭且中性的粉蜡色彩，紫色适合渲染照片印花、扎染、大理石纹、渐变几何等图案，它可广泛应用于礼服、日常装、运动装、鞋品、配饰等类别，以紫色提升柔和调色板，顺应健康疗愈和数字避世主题（图4-4）。

（4）蓝色的色彩应用分析

蓝色会呈现更加浓郁且明亮的氛围，为消费者带来亲切感的同时提振他们的情绪。它的淡定质感可为休闲装、正装、家居服与运动类别带来新的元素，无论是在轻盈的薄透材质上，还是在华丽的光泽表面，都能展现出柔和氛围（图4-5）。这种特性在美妆领域适合用于强调疗愈和修复功效的护肤产品，也可作为眼妆、美甲和睫毛的前卫彩妆色彩。

图4-4　紫色的色彩应用（图片来源：WGSN趋势网站）

图4-5　蓝色的色彩应用（图片来源：WGSN趋势网站）

（5）绿色的色彩应用分析

随着人与自然的接触越来越多，人们开始享受户外休闲，因此绿色将进一步吸引消费者的关注。作为清新而有冲击力的色彩，绿色适用于年轻风格的休闲装、运动装、内衣与配饰。这一百搭色调既适合单色出现，也可作为点缀的糖果色（图4-6）。

2. 色调的分析与应用

通过COLORO对2020春夏~2023秋冬中国关键色彩分析中的色调结构分布可以看出，高明高彩的亮色调和低明高彩的浓郁深色调对色彩的饱和度提出了更高的要求，同时也反映了各行业的"亮色回归"这一趋势主题。

在高明中彩的浅色调和中明中彩的朴素色调中，颜色含灰的比例在增加，契合自然色盘中对中间色调的色彩需求（图4-7）。

图4-6　绿色的色彩应用（图片来源：WGSN趋势网站）

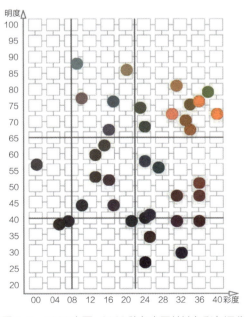

图4-7　2020春夏~2023秋冬中国关键色彩色调分析（图片来源：COLORO）

（1）亮色调的色调应用分析

吸睛的霓虹亮色可以提高安全系数，一直和运动相联系，这些色彩有着让他人注意到自己的本质属性，是户外运动领域的重要色彩。户外热潮和数字亮色驱动了消费者对发光亮色的需求，这样的设计可以在冬日天气下增强消费者的安全系数（图4-8）。

一直以来荧光染料因其发光的本质饱受争议，人们认为这些染料会比传统染料更加破坏环境。霓虹染料和"普通"染料的结构不同，可以让面料体现出更浓的色彩，但事实上荧光染料对环境的伤害并没有比其他合成染料更大，只要能保证所有的染料在整个生产过程中都能以正确的方式处理，相应的安全工艺也能到位。

COLORO是系统化设计的色彩体系，通过了OEKO-TEX 100和ZDHC的认证，能够实现色彩的完美复现。基于3500个标准色彩，COLORO带来了在使用色彩上的无限空间，在可用数据和科技指导的加持下，打造出霓虹色和亮色的限量版资源库，助力品牌呈现精心设计的色彩。

（2）粉蜡色调的色调应用分析

经日照褪色的浅色是粉蜡色调的关键元素之一，这些中性色调的灵感来自泥土、沙子、草和石头等大地元素。在后疫情时代，粉蜡色被赋予了新含义，

图4-8　亮色调服装（图片来源：WGSN趋势网站）

给人以放松、舒适、平衡身心的感觉。冥静而舒缓的矿物色调也反映了日渐兴起的不饱和色彩趋势。

　　在家庭中，放松、平和的居家生活尤为重要，这些柔和的浅色调可以为极简空间注入温暖触感，同时采用宽松而百搭的廓形搭配天然丝绸、有机棉与羊毛等材质，以此彰显居家生活的品位（图4-9）。

图4-9　粉蜡色调服装（图片来源：WGSN趋势网站）

（3）自然色调的色调应用分析

元气满满的温暖植物性色调将帮助人们重建与户外及大自然的联系。天然淳朴的经典赤褐色仍然是内饰的重要色调，植物性及食物性天然染料则与跨季配色息息相关。丰收金将取代浅米白，成为丹宁与平纹针织的经典中性色；绿色将演变为更加浓郁的橄榄色，黄色则日益趋于柔和风格（图4-10）。

图4-10　自然色调服装（图片来源：WGSN趋势网站）

（4）浓郁深色调的色调应用分析

经典单品焕新演绎摩登风尚，搭配现代亮色可玩转浓郁的复古调色板，可同时运用现代材料与经典面料。精致的棕色搭配现代亮色，实现现代气息与经典魅力的平衡感，面料可涵盖传统羊毛、阿富汗钩编与高光泽漆皮，以此打造全新混搭风格（图4-11）。

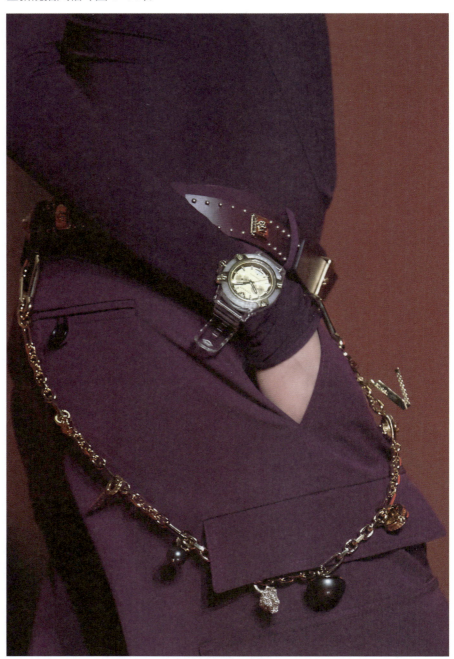

图4-11　浓郁色调服装（图片来源：WGSN趋势网站）

第五章

服装色彩风格与 COLORO 九色域

一、色彩和艺术的风格调性

（一）色彩风格和艺术风格概述

1. 色彩风格的概念

色彩的风格可以通过人们对色彩相同的感性认识来分类，建立起感性认识与色彩认知之间的关联性，利用色彩语言来区分不同的色彩，形成色彩风格，通过对色彩风格形象图的规划可以使不同色彩有其相适应的位置，可以使抽象的色彩语言更有直观性，能够与设计思维、理念、品牌形象、品牌风格等相匹配。

2. 色彩与艺术风格的关系

艺术风格是一种稳定鲜明的表现形式，指设计师、艺术家在自己的创作实践中所表现出来的艺术特色。

色彩是定位艺术风格的重要因素，对色彩的特色运用体现着不同设计者的个性风格，而一种典型艺术风格的形成，与人文因素和自然条件都密切相关，从某种意义上说，艺术风格承载着色彩，而色彩也成就了艺术风格，色彩塑造艺术风格，二者是相辅相成的关系。色彩与艺术风格被广泛应用于时尚服饰、建筑、室内装潢、平面设计、产品设计、环境设计等领域。

3. 艺术风格的分类

艺术风格指文艺创作中表现出来的一种带有综合性的总体特点，艺术风格就是艺术家的创造个性与艺术作品的语言、情境交互作用所呈现出的相对稳定的整体性艺术特色，风格是艺术家创造个性成熟的标志，也是作品达到较高艺术水准的标志。风格既包括艺术家个人的风格，也包括流派风格、时代风格和民族风格等。

（1）流派风格

风格标志着作家在艺术上的独创性，但这并不排斥一些作家在风格上的一致性，在一定范围内，在一些作家之间，由于思想倾向、生活经历、艺术主张、性格爱好以及艺术技巧等方面的一致和接近，他们的作品在风格上往往有许多相似点，而形成一种艺术流派。流派风格是同一流派的作家其作品所具有的相似的、共同的思想艺术特色。

常见艺术流派风格有：现实主义风格、印象派风格、野兽派风格、新艺术风格、未来主义风格、波普艺术风格、抽象主义风格、极简主义风格、坎普艺术风格等。

（2）时代风格

时代风格是指不同时代的政治、经济、文化、社会心理等影响下所具有的独特风格。

例如我国不同时代的工艺美术各具特色，商代的威严庄重、周代的秩序、战国的清新、汉代的凝重、六朝的清瘦、唐代的丰满华丽、宋代的理性美、元代的粗壮豪放、明代的敦厚、清代的纤巧，随着历史的沿革和文化的积淀，又不断丰富和发展了中华民族的艺术风格。

国外常见的时代风格有：文艺复兴风格、拜占庭艺术风格、哥特艺术风格、巴洛克艺术风格、洛可可艺术风格、新古典主义风格、超现实主义艺术风格、欧普艺术风格、极限主义艺术风格等。

（3）民族风格

民族风格是一个民族在长期的发展中形成的本民族的艺术特征，它是一个民族的人们社会结构、经济生活、生活经历、文化教养、思想感情等诸多因素共同影响下的产物。

因为创作时主题形成的特殊性和表现方法的习惯性，因而不同的作品便形成不同的风格，而这种风格往往表现出时代的、民族的和阶级的属性。

常见的民族风格有：中式风格、东南亚风格、波西米亚风格、欧式风格、美式风格、法式田园风格、吉普赛风格、日式风格、意大利轻奢风格等。

（二）经典艺术风格的应用分析

1. 洛可可艺术风格的应用分析

（1）洛可可艺术风格的起源

洛可可艺术（Rococo）风格，是18世纪产生于法国、遍及欧洲的一种艺术形式或艺术风格，属于时代艺术风格。洛可可风格是在巴洛克建筑的基础上发展起来的，最初是为了反对宫廷的繁文缛节艺术而兴起的，盛行于路易十五统治时期，因而又称作"路易十五式"，该艺术形式具有轻快、精致、细腻、繁复等特点。

洛可可（Rococo）一词由法语"Rocaille"（贝壳工艺）和意大利语"Barocco"（巴洛克）合并而来，因此有人将洛可可风格看作是巴洛克风格的晚期，即巴洛克的瓦解和颓废阶段。

（2）洛可可艺术风格的发展

奥尔良公爵摄政时代（1715~1730年）：巴洛克设计风格逐渐被有着更多曲线和自然形象的新元素取代。

路易十五时代（1730~1770年）：洛可可纤细和轻快的设计风格被视为是伴随着路易十五的统治过渡而来，宫廷生活不再局限于凡尔赛宫，艺术风格也随之而转变，由皇宫逐渐渗入整个法国上层社会。

路易十六时代（1770~1789年）：法国大革命爆发，随着拿破仑在法国的崛起，洛可可风格逐渐被踢出法国。

（3）洛可可艺术风格的流行

洛可可风格最早出现在装饰艺术和室内设计中，路易十五登基后给宫廷艺术带来了一些变化，后世洛可可艺术风格从建筑、内饰、雕塑、绘画慢慢发展到了文学、音乐、服装、电影等艺术创作领域。

洛可可风格可以说是"女性化的巴洛克风格"，相较于前期的巴洛克与后期的新古典主义，洛可可反映出当时社会享乐、奢华以及爱欲交织的风气。此外，洛可可风格派画家受到当时外来文化的启发，在创作中添加了不少富有异国风情的元素。

简单来说，巴洛克风格追求感官享受、颜色鲜艳，洛可可风格比起巴洛克风格，更追求奢华、靓丽。

（4）洛可可艺术风格的代表人物

洛可可艺术的产生受多方面的影响，表现在服饰方面主要是受以奢华骄奢著称的蓬巴杜夫人和以挥霍无度而闻名的路易十六的妻子玛丽·安托瓦内特王后两人的影响。

蓬巴杜夫人是洛可可风格的领导者，她对整个法国甚至欧洲的艺术领域有很大的影响，她资助了大量的艺术家，比如布歇、乌德里、拉图尔等。在这些艺术家的笔下，洛可可艺术以女性特质为基调，轻盈、华丽、华美，极尽装饰奢华与浪漫的艺术表现。在这两位女性的影响下，洛可可服饰得以产生和发展，并且在服装历史舞台上永不落幕。

（5）洛可可艺术风格的服饰特点

①整体造型：18世纪中后期以后，洛可可女装由内部的紧身胸衣、倒三角形脚片（斯塔玛卡）、裙撑（帕尼埃）和罩在裙撑外华丽讲究的衬裙以及最外面的罩裙（罗布）组成。紧身胸衣和裙撑在很大程度上缔造了洛可可女装浪漫、迷人的华贵风情，外轮廓造型多呈A型或S型。洛可可服装的必备要素包括夸张的裙撑、打褶的花边、繁复的缀饰、低胸衬裙、印花布料等。

②领口：更多的裸露是洛可可风格的一大特色，性感的蕾丝主要装饰于胸口和手臂等处，以起到一定的遮挡效果。与巴洛克风格相同，洛可可女装胸口很低，领口呈大的U字或V字形，露出前胸，但洛可可风格更为精致和优雅。

③袖口：大量蕾丝的运用让袖子处的细节设计显得精美异常，充满了浓浓的少女心。蕾丝荷叶边的装饰是洛可可艺术的装饰经典，洛可可时期女装的袖子由肩部到肘部是窄紧贴体的，蕾丝边饰由肘部垂下，自然地张开。蕾丝袖边不仅起到装饰作用，而且有造型功能，使袖子整体呈现倒三角形的外观，强化具有古典风格的局部特征设计，常饰以华丽花边，精巧的刺绣工艺和蝴蝶结、玫瑰花装饰等细部的处理设计也非常普遍。

④腰部：洛可可风格还有一个非常重要的特点，就是上半身的系带服装，也就是现在所说的"束腰"。法式胸衣中间都有一根由鲸骨、木头、象牙、兽角或金属做的撑骨，以维持它的直挺，让腰看起来更加纤细修长。

⑤裙摆：裙子后侧提起或者抽褶，臀部呈现出三个膨起堆团，为了把裙子束起，罗布的后腰内侧装着两条细绳，在表面同样的地方装饰着扣子或缎带，细绳从里面下落，经裙摆向上把裙子捆束起来，绳端挂在或系在表面的扣子上，形成裙子被卷起来的形状。罗布垂坠后呈长方形的效果，波兰式罗布更加圆润蓬松，长度变短体积变小，更显轻盈。

⑥图案纹样：洛可可风格在设计题材上喜好各种草叶及蚌壳、蔷薇和棕榈。面料图案上则是大量的自然花卉主题，所以有人称这个时期法国的印花织物为"花的帝国"（The Empire of Flora）。运用各种贝壳、莨苕叶饰相缠绕形成涡形纹饰，勾勒花卉、流水般的曲线，在构图上强调不对称。

⑦面料特点：洛可可服装面料多采用质感温软的材料，浪漫而华贵，多采用高雅而精致的面料，如具有优雅和透明感的缎子、绡纱和蕾丝花边等。秋冬季的洛可可服饰多采用诸如马海毛、高比例兔毛及具有丝光感和柔软毛型感强的面料，并注重面料的表面凹凸感与浮雕感的处理。

⑧色彩特点：洛可可艺术在构图上打破了文艺复兴以来的对称模式，同时多采用色调柔和、高明度低彩度的粉彩色系，崇尚自然。洛可可时期色彩常以轻柔的粉彩色调为中心，形成明亮、柔美而优雅的色彩倾向。常用白色、金色、粉红、粉绿、淡黄等娇嫩的颜色或嫩绿、粉红、猩红等娇艳的颜色。服饰上的色彩也表现为柔和艳丽的色调，例如甜美的香槟色和奶油色。

（6）洛可可艺术风格的色彩应用

①服装设计应用：现代服装风格中，淑女系的服装很多都是从洛可可风格演变过来的，比如少淑、中淑甚至是洛丽塔（一种以哥特风格、甜美风格和复

古风格为基础的服饰），都有洛可可衍生的影子。在女装品牌中，洛可可风格在现代服饰中最具代表性的是莫思奇诺（MOSCHINO）这个品牌，每年的秀场都能看到许多马卡龙式的小清新颜色（图5-1）。

图5-1　莫思奇诺秋冬秀场（图片来源：WGSN趋势网站）

②视觉艺术应用：韦斯·安德森（Wes Anderson）被誉为好莱坞的童话导演，他的电影极具辨识度，善于用复古、优雅的童话色彩进行电影视觉调色。其导演电影《布达佩斯大饭店》以治愈人心的粉色和白色为主色，虽然粉色本身是比较女性化的颜色，妙在画面色彩恰到好处，反而引发更多男性对粉色产生兴趣，从布景到建筑再到着装和道具，一切都被蒙上一层梦幻般瑰丽的粉色韵味，色彩艳丽饱满、构图工整，视觉上美轮美奂，并且用深深浅浅的粉色组合，从浅褐色、粉红色到鲑鱼粉，搭建起了影片色调的层次感，有浓浓的复古气息。

③纺织品设计应用：在18世纪，欧洲曾掀起过的轰轰烈烈的中国风热潮，上至贵族下至平民都把中式当作主流的时尚，这种对中国风的疯狂痴迷造就了一种中西合璧的中式洛可可风格，即欧洲本土化的中国风Chinoiserie，充斥在欧洲的各个角落。

法国某知名的纺织面料品牌的最新产品系列，以中国风装饰灵感，融入了竹子形式的架构框架、园林、古装人物，并加入了当代元素以及珊瑚图案，打造出了瑰丽华美的中式风格。

某世界顶级的手绘墙纸品牌，以中国风手绘原创图案壁纸而出名，柔和、雅致的色彩和精湛的工艺使这些花鸟图案仿佛活了起来。

④瓷器设计应用：18世纪的法国刮起了洛可可艺术旋风，在西方传教士、艺术家的倡导下，洛可可艺术随欧洲各种艺术品迅速传入清代皇宫，对宫廷艺术从绘画、建筑到各种工艺美术形成了巨大的影响。其中，清代御窑瓷器装饰风格的变化为最显著的影响之一。中西合璧的美学品位主导了当时的宫廷艺术，也成为推动清代御窑瓷器装饰风格变化的重要因素之一。清乾隆粉地轧道粉彩缠枝莲托八宝纹小烛台和熏炉身上布满了繁缛精巧的装饰花纹，还配上了粉嫩红艳的色彩，为我们展现了洛可可风格与中国瓷器融合后的独特魅力。

⑤室内设计应用：洛可可风格设计，在室内设计、家居品设计，甚至建筑外观设计上，都令人无法忽视。相比起巴洛克风格带着丰富强烈的原色和暗沉色调，洛可可崇尚柔和的浅色和粉色调，多用薄荷绿、粉红色、玫瑰红、金色和象牙白等。在家具装饰上，无论是橱柜、桌椅，还是镜子、墙壁，金边线脚更是无处不在，墙、天花板、家具、金属和瓷器制的摆设展现了一种统一风格的和谐。

⑥食品包装应用：马卡龙，又称作玛卡龙、法式小圆饼，是一种用蛋白、杏仁粉、白砂糖和糖霜制作，并夹有水果酱或奶油的法式甜点。口感丰富，外脆内软，外观五彩缤纷，精致小巧。马卡龙历史上曾是贵族食物，是奢华的象

征。但随着历史的发展，马卡龙渐渐进入寻常百姓家，以其缤纷的色彩、清新细腻的口感和小巧玲珑的造型，博得人们尤其是女生们的喜爱。

（7）洛可可艺术风格的色彩图谱

借助COLORO色彩工具对洛可可艺术作品和相关产品设计的色彩提取，可以得到50个颜色组合的洛可可色盘，作为后续色彩风格分析参考（图5-2）。

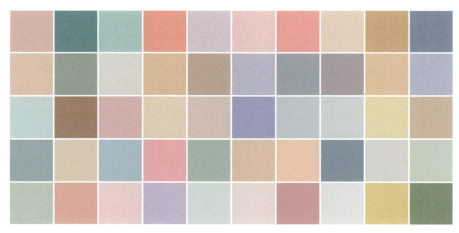

图5-2　洛可可艺术风格色彩图谱（图片来源：COLORO）

2. 野兽派艺术风格的应用分析

（1）野兽派艺术风格的起源

野兽派是20世纪率先崛起的象征主义画派，属于流派艺术风格，得名于1905年巴黎的秋季沙龙展览。当时，以画家亨利·马蒂斯（Henri Matisse）为首的一批前卫艺术家展于同一展厅的作品，引起轩然大波。有人形象地将这些画称作"一罐颜料掼在公众的面前"，被人们说"这简直就是野兽"。

记者路易·沃塞尔（Louis Vauxcelles），在那个被刺目的色彩弄得喧嚷不已的展厅中央，发现了阿尔伯特·马尔凯（Albert Marquet）所作的一件具有文艺复兴风格的小型铜像，不由得惊叫起来："多纳泰罗被关在了野兽笼中！"这一俏皮话便在《吉尔·布拉斯》杂志上刊出，而"野兽主义"的名称也很快被广泛地认同。

"野兽"一词特指色彩鲜明、随意涂抹、狂野的色彩使用和强烈的视觉冲击力，给人不合常理的感觉。

野兽派核心画家亨利·马蒂斯的作品《音乐课》中，人物的排列形成一条自右上角至左下角的对角线，为画面增加了动势。在这幅画中，人物、背景、色彩及线条共同构成了明快的旋律，在画面的其他部分得到共鸣（图5-3）。

图5-3 亨利·马蒂斯作品《音乐课》

（2）野兽派艺术风格的发展

野兽派艺术画风强烈、用色大胆鲜艳，将印象派的色彩理论与梵高、高更等后印象派的大胆涂色技法推向极致，不再讲究透视和明暗、放弃传统的远近比例，采用平面化构图、阴影面与物体面的强烈对比，脱离自然的摹仿。

野兽派的寿命相当短，1905年法国巴黎秋季沙龙展之后的第三年，野兽派几乎已消失无踪。然而，尽管如此，野兽派对后来的现代艺术影响仍十分深远，康定斯基、德累斯顿、雅夫楞斯基都受了野兽派一定程度的熏陶，它带给现代美术的影响甚深。

（3）野兽派艺术风格的影响

野兽派是20世纪欧洲的第一个现代主义流派，它摆脱了物体固有的色彩特征，运用简练的线条和夸张的颜色来实现色彩在画面中的完全释放和独立。野兽主义对西方绘画的发展，产生了重要的影响。他们吸收了东方和非洲艺术的表现手法，在绘画中注意创造一种有别于西方古典绘画的疏、简的意境，有明显的写意倾向。

野兽派的出现把欧洲从几百年的传统的自然色彩概念中释放了出来，野兽派的产生意义，就在于色彩不必依附于任何自然形态以及它们的真实性，就可以拥有属于自己的风格特征。

（4）野兽派艺术风格的代表人物

野兽派最主要的代表画家包括马蒂斯、弗拉曼克、德兰等人，他们在1905~1908年的创作，均具有野兽派的特质，个性的表现极为勇猛。

其中尤以马蒂斯最足以称为野兽派的一代宗匠，他与毕加索一起被视为20世纪法国画坛上的两位最重要的艺术家。马蒂斯的画多以女性为主题，影响他最深的就是女性的美，他反复画女性的形体，注意韵律的和谐与优美，《奢侈·静寂·逸乐》为其代表名作。此外，马尔凯、卢奥、芒更、卡莫昂、杜菲以及荷兰的唐元等也都是野兽派画家。

（5）野兽派艺术风格的特点

野兽派否定了色彩的描绘功能，宣告色彩获得全面的解放，色彩不再为形象所束缚，拥有了独立于造型之外的内在力量和色彩自身的表现价值，从而获得了更为自由浓烈的艺术表现力。野兽派坚持认为色彩应建立在心灵与情感的基础之上，转而强调绘画应"使自然服从于绘画的精神"。

野兽派画家们普遍认为，主观意志应高于客观秩序，因此，他们的绘画也是表现主义的。野兽派并不是画家给野兽画像，也不是说画出来的东西张牙舞爪，野兽派给普通人的感觉，是一种粗放的、未开化的、率直的绘画形式。

野兽派艺术风格的主要特点归纳为以下三点：

①鲜艳和浓重的色彩。

②直率和粗放的笔法。

③用强烈的画面效果表现感情。

（6）野兽派艺术色彩风格的应用

①服装设计应用：野兽派色彩风格的出现，使色彩得到了解放，与此同时，服装设计师们开始把这种色彩精神运用到自己的服装设计色彩中，来拓展当代服装设计的发展，满足人们日益高涨的服装热情和审美要求。

②纺织品设计应用：簇绒枪（Tufting Gun）和戳戳绣（Tufting）作为纯手工制作的工艺方式在年轻消费群体中兴起，其颇具个性风格的图案款式也受到了不少的关注。最早的戳戳绣叫 Rug Hooking，在中国被称为"墩绣"，属于北方的刺绣品种。最早制作墩绣的工具叫戳戳针（Punchneedle），其造型类似注

射器的针头，通过穿针引线来戳出不同图案。

在款式上，手工簇绒工艺与明亮的色块元素结合在一起，可以看出当代年轻人对DIY手工等话题有了越来越浓的兴趣。充满活力的色块，运用簇绒工艺增加纹理和深度，材质上倾向于采用羊毛和纯棉手工编而成的产品。

③室内设计应用：野兽派风格最明显的特点就是色彩狂烈又张扬。INS风格的室内设计采用大块面的色彩，呈现强烈的对比性。脱离常规，将色彩融入空间中，同时也运用几何元素和立体效果，缤纷奇特又趣味十足。在奔放、热烈的氛围中有一种平衡的内在和谐，让人感受到一种肃穆、纯洁的精神陶冶。

方方正正的建筑，总让人感到乏味，野兽派风格用不规则的线条打破普遍审美，起伏的曲线与拱形门、拱形窗、曲线家具交错搭配，表达出新时代的个性。墙壁的色彩与线条所产生的光影效果，带有一丝神秘，宛若油画的艺术气息，带给人一种返璞归真的生活享受。

④视觉艺术应用：野兽派艺术家们非常注重色彩的运用，他们青睐明亮鲜艳的色彩，认为色彩具有自身的独特价值，是设计师进行自我表达的最好元素，能从设计上很好地将视觉效果传达出来。

野兽派对后世产生了巨大的影响，对于色彩的构成分析、运用与色彩的装饰特征的表现方面，野兽派对现代平面设计、插图创作以及版面编排都产生了很深的影响。如果仅仅用一句话概况野兽派，那就是"色彩的暴力美学"。野兽派排版可以唤起一种急躁和反叛的感觉，这就是为什么我们看到这种风格常用于先锋艺术和实验海报的原因。

（7）野兽派艺术风格的色彩图谱

借助COLORO色彩工具对野兽派艺术作品和相关产品设计的色彩提取，可以得到50个颜色组合的野兽派色盘，作后续色彩风格分析参考（图5-4）。

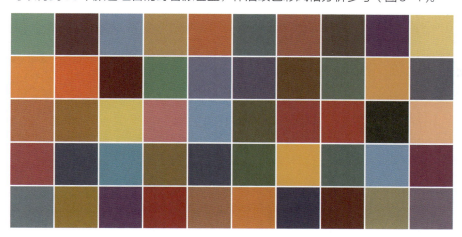

图5-4　野兽派艺术风格色彩图谱（图片来源：COLORO）

二、COLORO九色域

（一）COLORO色域九分法

九色域根据颜色的明度和彩色的高、中、低范围，可划分为九个区域。设计师可以通过九色域更好地梳理不同风格色彩的色彩定位以及设计企划。

1. 洛可可艺术色彩风格的分析

洛可可艺术风格色彩在九色域的分布主要集中在高明低彩和高明中彩色域区，整体色彩风格偏柔和浪漫，以轻柔的粉彩色调为中心，形成明亮、柔美而优雅的色彩倾向（图5-5）。

2. 野兽派艺术色彩风格的分析

野兽派艺术风格色彩在九色域的分布主要集中在中明中彩和中明高彩色域区，整体色彩风格偏热情动感、形成鲜艳和浓重的色彩倾向（图5-6）。

（二）COLORO九色域应用分析

1. 高明低彩色域区的色彩应用分析

高明度低彩度色域区是九色域的第1色域区，明度值范围为65~99，彩度

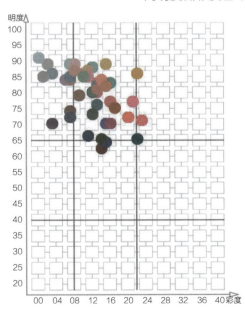

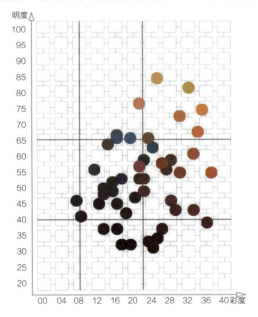

图5-5 洛可可艺术色彩风格的分析（图片来源：COLORO） 图5-6 野兽派艺术色彩风格的分析（图片来源：COLORO

值范围为01~08，整体色彩印象是简洁、轻柔、干净、柔和、摩登。

奥斯卡·克劳德·莫奈（Oscar Claude Monet）在1840年创作的《威尼斯》作品中，强调画家对客观事物的感觉和印象，积极推崇走出画室，走进大自然，在阳光下直接对外景写生，根据观察和直接感受表现微妙的淡粉紫色清晨的变化（图5-7）。

笔者对《威尼斯》作品进行关键色彩的提取，并在九色域中进行色彩分析后发现，其整体的艺术色彩风格贴合九色域高明度低彩度色域区柔和、简洁的色彩特点（图5-8）。

对COLORO第1色域区进行色彩特点分析以及艺术色彩提取，笔者发现这些颜色与可爱、甜美、日常家居风格的服装设计风格理念不谋而合，可以帮助设计师在产品设计中运用这些颜色进行色彩企划和设计搭配（图5-9）。

图5-7　奥斯卡·克劳德·莫奈作品《威尼斯》

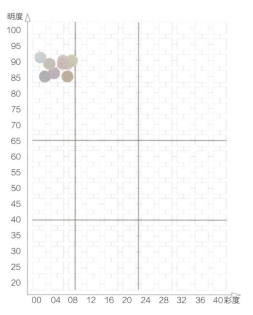

图5-8 COLORO第1色域区（图片来源：COLORO）

图5-9 第1色域区的色彩应用（图片来源：WGSN趋势网站）

2. 中明低彩色域区的色彩应用分析

中明度低彩度色域区是九色域的第2色域区，明度值范围为40~65，彩度值范围为01~08，整体色彩印象是都市、雅致、品味、优雅。

意大利画家乔治·莫兰迪（Giorgio Morandi）的《静物》作品，用色首先注重了瓶瓶罐罐本身的色彩倾向，但同时也做了主观处理，让色彩显得更加和谐平稳。他的画仿佛在人的眼前覆盖了一层纱，没有刺眼的棱角或是张扬的颜色。低饱和度的柔和色调给人的感觉更多的是平静，莫兰迪以这样的灰色调创造出属于自己的风格（图5-10）。

笔者对《静物》作品进行关键色彩的提取，并在九色域中进行色彩分析，发现其整体的艺术色彩风格贴合九色域中明度低彩度色域区雅致、优雅的色彩特点（图5-11）。

对COLORO第2色域区进行色彩特点分析以及艺术色彩提取，笔者发现这些颜色适合很多都市自然风格的服饰特点，在休闲品类或者表现都市自然主题的服装风格设计中都可以借鉴这些颜色的搭配方案（图5-12）。

图5-10　乔治·莫兰迪作品《静物》

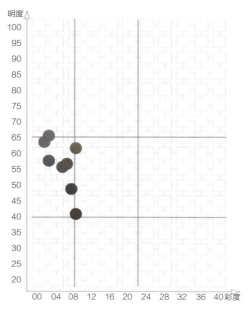

图5-11 COLORO第2色域区（图片来源：COLORO）

图5-12 第2色域区的色彩应用（图片来源：WGSN趋势网站）

3. 低明低彩色域区的色彩应用分析

低明度低彩度色域区是九色域的第3色域区，明度值范围为01~40，彩度值范围为01~08，整体色彩印象是严谨、稳重、格调、正式、稳健。

现实主义派代表画家伦勃朗·哈尔曼松·凡·莱因（Rembrandt Harmenszoon van Rijn）1642年创作的《夜巡》，是荷兰阿姆斯特丹城射手连队的群像画，画中人物以近似舞台剧的形式表现，近处有两人，一位身穿黑军服，披着红披巾，头戴黑礼帽，另一位穿着黄色军服戴着黄色的帽子。其他人则或持长枪，或挥舞旗帜，或互相议论，队伍出发时的紧张气氛跃然图上（图5-13）。

笔者对《夜巡》作品进行关键色彩的提取，并在九色域中进行色彩分析，发现其整体的艺术色彩风格贴合九色域低明度低彩度色域区稳重、深沉、严谨的色彩特点（图5-14）。

图5-13　伦勃朗作品《夜巡》

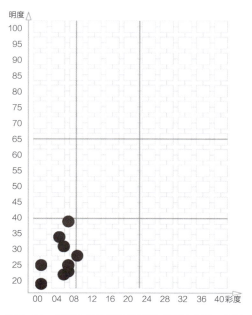

图5-14　COLORO第3色域区（图片来源：COLORO）

　　对COLORO第3色域区进行色彩特点分析以及艺术色彩提取，笔者发现这些颜色与很多商务风或正式套装的色彩风格较匹配，可以更多地贴合这类服装设计的色彩需求（图5-15）。

图5-15　第3色域区的色彩应用（图片来源：WGSN趋势网站）

4. 高明中彩色域区的色彩应用分析

高明度中彩度色域区是九色域的第4色域区，明度值范围为65~99，彩度值范围为08~22，整体色彩印象是甜美、浪漫、清新、女性化。

法国画家让·安东尼·华多（JeanAntoine Watteau）1717年创作的《舟发西苔岛》是洛可可画作的典型代表作品。画中题材是取自当时的一个歌剧，画面巧妙地运用明暗的变化，以纤细的笔致，描写一群贵族男女，梦寐以求拥有一个无忧无虑的爱情乐园的故事（图5-16）。

笔者对《舟发西苔岛》作品进行关键色彩的提取，并在九色域中进行色彩分析，发现其整体的艺术色彩风格贴合九色域高明度中彩度色域区浪漫、甜美的色彩特点（图5-17）。

对COLORO第4色域区进行色彩特点分析以及艺术色彩提取，笔者发现这些颜色与很多婚纱礼服以及表现女性优雅的时尚单品的色彩特点相符合，可以给予相关设计师一定的设计色彩灵感（图5-18）。

图5-16　让·安东尼·华多作品《舟发西苔岛》（局部）

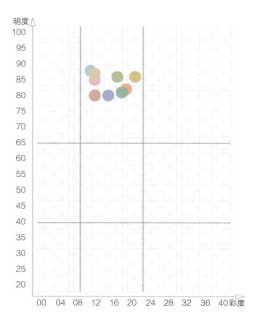

图5-17　COLORO第4色域区（图片来源：COLORO）

图5-18　第4色域区的色彩应用（图片来源：WGSN趋势网站）

5. 中明中彩色域区的色彩应用分析

中明度中彩度色域区是九色域的第5色域区，明度值范围为40~65，彩度值范围为08~22，整体色彩印象是自然、质朴、休闲。

印象派画家阿尔弗莱德·西斯莱（Alfred Sisley）1876年创作的《洪水泛滥中的小舟》在绘画处理上都是以灰色、淡蓝色和个别棕色调之间的微妙变化为基础。然而，这种水汽弥漫的平淡无奇的画面，在西斯莱的笔下却变成了一种迷人的感觉，成了神话般的境界（图5-19）。

笔者对《洪水泛滥中的小舟》作品进行关键色彩的提取，并在九色域中进行色彩分析，发现其整体的艺术色彩风格贴合九色域中明度中彩度色域区自然、质朴的色彩特点（图5-20）。

对COLORO第5色域区进行色彩特点分析以及艺术色彩提取，笔者发现这些颜色与户外、休闲或者自然的产品设计的色彩特点相吻合，同时也契合当下很多行业中推崇的自然环保的设计理念（图5-21）。

图5-19　阿尔弗莱德·西斯莱作品《洪水泛滥中的小舟》

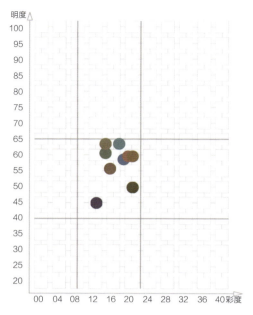

图5-20　COLORO第5色域区（图片来源：COLORO）

图5-21　第5色域区的色彩应用（图片来源：WGSN趋势网站）

6. 低明中彩色域区的色彩应用分析

低明度中彩度色域区是九色域的第6色域区，明度值范围为01~40，彩度值范围为08~22，整体色彩印象是成熟、端庄、浓郁、威严。

日本浮世绘代表画家葛饰北斋的经典画作《东海道金谷不二》中，富士山与波浪的曲线相互呼应，大井川波澜壮阔，整个画面用重叠的波浪表现出水流的湍急（图5-22）。

图5-22　葛饰北斋作品《东海道金谷不二》

笔者对《东海道金谷不二》作品进行关键色彩的提取，并在九色域中进行色彩分析后，发现其整体的艺术色彩风格贴合九色域低明度中彩度色域区威严、端庄的色彩特点（图5-23）。

对COLORO第6色域区进行色彩特点分析以及艺术色彩提取，笔者发现这些颜色与秋冬季套装颜色有相似之处，浓郁的色彩搭配厚重的毛感、皮革面料可以很好地体现端庄优雅的服饰特点（图5-24）。

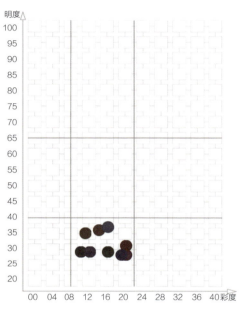

图5-23　COLORO第6色域区（图片来源：COLORO）

图5-24　第6色域区的色彩应用（图片来源：WGSN趋势网站）

7. 高明高彩色域区的色彩应用分析

高明度高彩度色域区是九色域的第7色域区，明度值范围为65~99，彩度值范围为22~99，整体色彩印象是明快、少女、俏皮、活力。

波普艺术领军人物安迪·沃霍尔（Andrew Warhol）1972年创作的《日出》作品采用丝网印刷技术，整体色调风格活力大胆，模糊了商业、广告和艺术之间的界限，用不断复制的图像反映当代生活，开创了一个新的艺术时代——艺术和消费生活密不可分（图5-25）。

笔者对安迪·沃霍尔《日出》作品进行关键色彩的提取，并在九色域中进行色彩分析后，发现其整体的艺术色彩风格贴合九色域高明度高彩度色域区中活泼、大胆、俏皮的色彩特点（图5-26）。

对COLORO第7色域区进行色彩特点分析以及艺术色彩提取，笔者发现这些颜色与很多运动品牌的活力时尚系列的色彩特点有较高的匹配度，适合很多运动鞋、荧光带或亮色配件的色彩搭配（图5-27）。

图5-25 安迪·沃霍尔作品《日出》

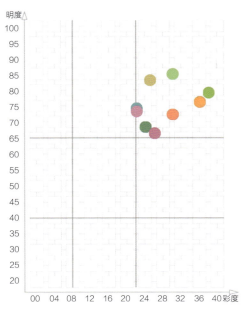

图5-26　COLORO第7色域区（图片来源：COLORO）

图5-27　第7色域区的色彩应用（图片来源：WGSN趋势网站）

8. 中明高彩色域区的色彩应用分析

中明度高彩度色域区是九色域的第8色域区，明度值范围为40~65，彩度值范围为22~40，整体色彩印象是动感、活泼、热烈。

野兽派代表画家安德烈·德朗（André Derain）1906创作的《威斯敏斯特大桥》，用朴实而充满感情色彩的语言描绘了夏秋之交从泰晤士河上的威斯敏斯特大桥上眺望伦敦城清晨的景色。整个城市好像还在沉睡，晴朗的天空中晨光熹微，泰晤士河缓缓流向远方，一切是那么明净、庄重、优美（图5-28）。

笔者对《威斯敏斯特大桥》作品进行关键色彩的提取，并在九色域中进行色彩分析后，发现其整体的艺术色彩风格贴合九色域中明度高彩度色域区热烈、动感的色彩特点（图5-29）。

对COLORO第8色域区进行色彩特点分析以及艺术色彩提取，这些动感、热烈的颜色搭配很多金属、闪光条等装饰亮片的前卫设计，受到很多Z世代或千禧一代年轻消费群体的追捧（图5-30）。

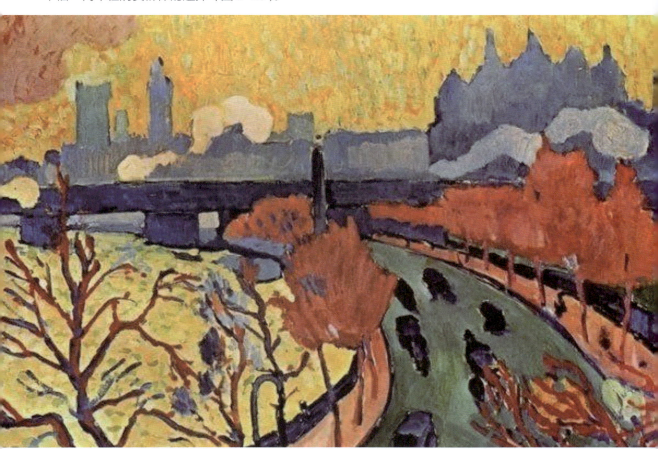

图5-28　安德烈·德朗作品《威斯敏斯特大桥》

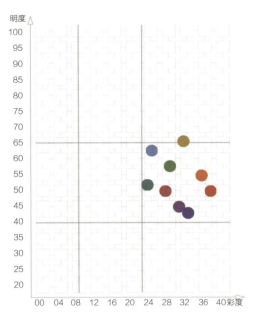

图5-29　COLORO第8色域区（图片来源：COLORO）

图5-30　第8色域区的色彩应用（图片来源：WGSN趋势网站）

9. 低明高彩色域区的色彩应用分析

低明度高彩度色域区是九色域的第9色域区，明度值范围为01~50，彩度值范围为12~40，整体色彩印象是华丽、魅惑、异域。

威廉·霍加斯（William Hogarth）1734年创作的油画《浪子生涯》，讽刺并击中了英国上层社会一部分不可避免的悲剧的要害，对当时的社会有很强的冲击力（图5-31）。

笔者对《浪子生涯》作品进行关键色彩的提取，并在九色域中进行色彩分析后，发现其整体的艺术色彩风格贴合九色域低明度高彩度色域区华丽、异域的色彩特点（图5-32）。

对COLORO第9色域区进行色彩特点分析以及艺术色彩提取，笔者发现这些颜色可以很好地与许多民族风格的服饰特点进行结合，如波西米亚风格、非洲风格的印花等（图5-33）。

图5-31　威廉·霍加斯作品《浪子生涯》

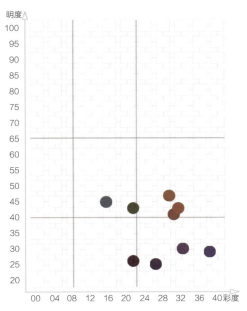

图5-32　COLORO第9色域区（图片来源：COLORO）

图5-33　第9色域区的色彩应用（图片来源：WGSN趋势网站）

第六章

色彩营销的实践应用

6

一、色彩分析的方法

（一）COLORO色彩工具的介绍

COLORO以人眼感知颜色的方式定义了涵盖160万个颜色的色彩空间，每个颜色均以独立的七位数编码进行命名，分别代表了颜色的色相、明度、彩度，同时也为各行业创建了一个新的全球颜色标准。

COLORO从实物和数字化两方面，为色彩数据分析、色彩设计、产品生命周期管理系统和供应链管理提供了完整的解决方案。COLORO的每个颜色都有相应的染料配方和颜色技术数据，并且每个颜色均以环保染料染制。

1. COLORO创意云

COLORO创意云将设计师群体需要的色彩设计的各项功能整合在一个云服务平台，简化工作流程，提高工作效率。再利用COLORO独创的屏幕颜色还原技术，使得屏幕上呈现的颜色能与COLORO实物色卡匹配，在用户进行线上创作之后，能够无缝连接到实物色卡。

2. COLORO色彩查找

COLORO提供3500个含有7位数字编码的电子色卡，手机和电脑端均可查看，方便设计师调研记录，远程办公。在COLORO的色彩体系中，可以识别160万个不同的颜色信息，为客户提供定制化色彩服务。

3. COLORO色彩提取

COLORO能够对图片进行大数据分析的基础是色彩自动提取技术。它能够准确高效地提取图片的色彩和比例，给设计师以定性的参考。同时应用人工智能技术，去除人物背景进行取色，从而更加精准地提取服装的色彩。

4. COLORO色彩搭配

在色彩搭配模块中，COLORO色彩体系的优势是将色彩和谐搭配的规律变成算法，为设计师提供简单快速的色彩搭配参考，并提供数十种模板，能更加直观地呈现出配色的效果，更方便用户选择和参考。

5. COLORO色彩库

在图片库中，COLORO为用户创建了一个专属的色彩库空间，用户可以将自己的图片上传，系统自动识别并提取色彩，成为用户的色彩灵感库，方便用户进行色彩搜索。

（二）COLORO色彩分析的方法

1. 品牌色彩结构梳理

COLORO可以在一段特定的时间内，针对不同的品牌的某一个颜色进行不同角度的演绎分析。通过这些色彩分析总结，可以对品牌的调性以及风格进行色彩定位，从而更好地为品牌进行更精准的市场定位和产品企划。

通过梳理品牌色彩结构以及款式用色，可以更好地把控企划案中的产品款式设计。例如对某运动品牌头部企业跑步系列男款2022春夏系列的色彩结构进行分析，可以帮助产品企划在进行SKU搭建时更好地把控用色范围。

2. 品牌风格定位确认

从品牌端分析系列产品的色彩风格以及适用的客户群时，结合不同世代消费者的生活理念以及消费方式，可以为产品企划提供更多的用户画像维度参考。

3. 助力设计平衡

COLORO可以帮助设计师在进行色彩搭配选择时，快速地实现不同色彩的调整以达到画面的平衡和谐。

在室内设计中，通过COLORO同色系的配色方法，可以形成画面的和谐统一；在产品设计中，通过COLORO彩度相同的配色方法，营造视觉画面的统一和秩序感；在纺织品设计中，通过COLORO彩度明度相同配色方法，可以保持视觉色调的平衡感。

4. 分析流行色的应用

通过对某一季度的流行色彩的分析，从色相、色调两个维度解读流行色的色彩倾向和适用的风格范围，便于设计师更好地对流行色的应用进行解读，也可以更好地分析流行色的演变规律。

二、色彩营销的应用分析

（一）服装设计企划中色彩营销的应用分析

产品设计企划的核心是产品，即如何规划出一款火爆市场的产品，并完善其他弥补性产品。

服装设计企划案的基本要素包括：竞品信息、品牌风格、目标消费、产品波段、主题故事、设计重点、色彩结构、图案表现、面料辅料需求等。本章节从服装设计企划中对色彩环节要求较高的品牌风格的色彩印象、服装设计中的色彩结构、不同产品波段的色彩方向、目标消费群的色彩需求这四个维度来分析色彩营销的应用。

1. 品牌风格中的色彩印象与应用分析

基于对不同服装品牌风格的分析，以都市优雅、浪漫经典、前卫朋克、运动休闲、民族异域、田园淑女等作为品牌风格分类，筛选产品企划中不同的对标头部品牌的风格、面料、色彩、细节等参考要素，从设计思维、理念、品牌形象、品牌风格等方面与自己的公司品牌风格进行匹配。

（1）都市优雅风格的应用分析

风格印象：优雅是一种精神，是一种品格，更是一种骨子里折射出的文化艺术气息，它不同于简约，也不同于时尚，是一种文化的积累和沉淀。

关键词：新女性气质、复古与现代。

色彩风格：复古怀旧。

①都市优雅风格的面料参考：改良式的Polo长版衫，以格纹拼接天鹅绒面料，袖口刻意做了宽松设计，为都市风格注入了新颖的时尚氛围（图6-1）。

②都市优雅风格的款式细节参考：以拼接手法将皮革、手绘织物、剩余面料和珍贵织物结合，打造充满奇幻奢华感的系列（图6-2）。

③都市优雅风格的色彩印象：复古怀旧。温暖棕色、橙色与法式海军蓝及冷灰色搭配，组成散发怀旧气息的冬季调色板，并带出一丝现代风格，在复古主题中为消费者传递惊喜感，并在之后的季节中持续保持时尚新鲜度（图6-3）。

图6-1　都市优雅风格面料参考（图片来源：WGSN趋势网站）

图6-2　都市优雅风格款式细节参考（图片来源：WGSN趋势网站）

图6-3　复古怀旧色盘

（2）休闲运动风格的应用分析

风格印象：休闲风格推崇"舒适、随意"的理念，适合多数人群的日常着装，一般是指比较运动、家居系列的风格；衣服的款式没有太多的复杂设计，是比较经典的款式。

关键词：赛博朋克、多巴胺。

色彩风格：俏皮亮色。

①休闲运动风格的面料参考：采用轻质耐用的再生尼龙与聚酯纤维面料，关注可再生、再利用以及可循环面料（图6-4）。

②休闲运动风格的款式细节参考：在运动风细节设计上，拇指洞造型日益兴起，在彰显设计感的同时，要提升平纹针织上衣、连衣裙与针织衫的保暖性（图6-5）。

③休闲运动风格的色彩印象：俏皮亮色。欢乐的多巴胺亮色会激发人的积极性和主动性，令人备受鼓舞。俏皮色调颇具轻盈感和数字感，如赛博青柠色、清新薄荷绿、粉钻色等色彩有助于团队或社群建设，也会助力人们行动起来，提升活力感（图6-6）。

图6-4 运动休闲风格面料参考（来源：WGSN趋势网站）

图6-5　运动休闲风格款式细节参考（图片来源：WGSN趋势网站）

图6-6　俏皮亮色色盘

2. 服装设计中的色彩结构及应用分析

服装设计中色彩的应用原则有两个：一是要发挥色彩的实用功能（色彩与消费者的关系），即满足消费者生理和心理功能的需要；二是色彩设计要符合公司的形象和产品定位，准确把握品牌色、常用色、流行色三者的搭配关系。

（1）品牌色的商业价值

品牌色是指一个品牌长期固定的一组或几组色系，具有稳定消费者心目中品牌形象的重要作用，一个品牌长期使用一组色彩作为产品配色的基础，可以建立品牌识别度与品牌信任度。

在"色彩对于营销的影响"研究中，研究人员发现人们对于品牌商品的快速印象有90%来自其色彩，品牌或者品牌商品的颜色是人们接触品牌最直接的视觉呈现。从某种意义上来说，色彩是品牌在人们心中构建品牌辨识度的第一步。这些品牌将色彩纳入品牌战略中，增加品牌独特性与辨识度，同时更好地传达品牌的核心价值。颜色，作为品牌战略的重要部分，可以帮助品牌建立无形的价值，从而提升品牌竞争度。

①黑色：黑色是包容的色彩，边界极强，又强具融合力。它是无主义风格，

又个性彰显。透过不同的视角去品鉴黑色在设计领域的多维度表现，由此触类旁通，帮助我们理解。

对于男装，在那些比较严肃的场合，穿黑色西装的男士的确给人一种帅气、强壮、魁梧的非凡感觉，体现了男性的精神和风度（图6-7）。

图6-7 黑色西装（图片来源：WGSN趋势网站）

对于女装，能够包容万象的黑，赋予了裙子全新的美，令其跨越世纪的长河，成为永不落幕的时尚选择。在不同场合，都能够很好地表达自己的小黑裙，足够得体，又恰好带着多一分的魅力，成为一件经得起考验和沉淀的时尚单品（图6-8）。

图6-8　小黑裙（图片来源：WGSN趋势网站）

②红色：红色是根植于中国传统与文化基因中的颜色，为了吸引年轻消费者的视线，高端品牌和先锋设计师已开始将更加鲜亮且戏剧化的红色应用于前卫的服装造型和配饰产品中。

为精心呵护与关怀中国女性，为她们带来独一无二的美丽，卡姿兰品牌联合国际专业色彩机构COLORO，在卡姿兰20周年庆典上重磅发布了代表中国女性精神与力量、完全为中国女性肤色专研的"盛世中国红"（图6-9）。

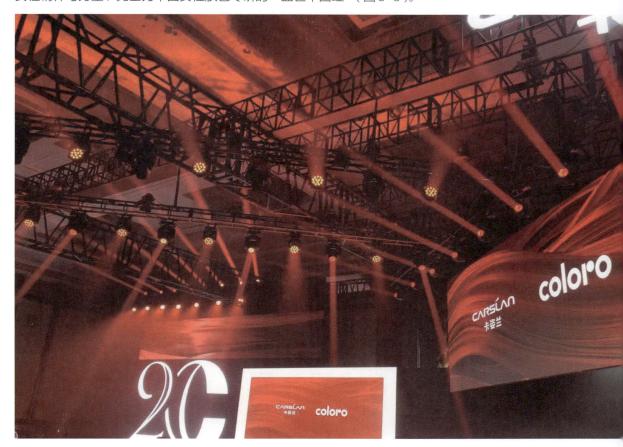

图6-9　卡姿兰"盛世中国红"

安踏品牌标志是字母"A"，由四条不同半径的圆弧线相交而成。整体构图简洁大方，动感十足。图形的鲜红色代表了安踏的活力和进取精神。其造型以非常简洁的方式展现了运动中力量、速度与美的结合，隐喻了安踏追求卓越、超越自我的理念。

③橙色：爱马仕橙，拥有蛊惑人心的魅力，是性感男女的专属代名词，作为抢眼的都市色彩，存在于街头的每个角落。张扬热烈是它的本性，艳丽高调是它不拘一格的内涵，橙色带来的自信感受，渗透在每一寸肌肤里，交织的淋漓汗水，是年轻与活力的碰撞（图6-10）。

图6-10　爱马仕橙色服装

　　橙色也是代表运动的颜色，我国本土运动品牌361°的口号是：多一度的热爱正是361°，有超越完美的寓意。

　　④蓝色：1837年，著名珠宝腕表品牌蒂芙尼（Tiffany&Co）诞生于美国纽约。创新和设计是蒂芙尼品牌传承的两大基石，蒂芙尼蓝盒（Tiffany Blue Box）是其品牌的经典之作，蒂芙尼六爪镶嵌钻戒成为品牌经典标志。蒂芙尼蓝，是一种鲜亮的、介于蓝绿之间的颜色，视觉淡雅，体现出高贵的气质。蒂芙尼蓝也称为"知更鸟蛋蓝"，在传说中，知更鸟象征着浪漫与幸福，代表有情人终成眷属，所以蒂芙尼蓝也被称为世界上最浪漫的蓝色（图6-11）。

图6-11　蒂芙尼珠宝

　　蓝色也是我国知名男装品牌海澜之家的标志色彩。海澜之家的商标LOGO是大大的"HLA"字母，加上"海澜之家"四个字，"HLA"是海澜之家的拼音简称，在HLA字母下还有一排小字，写的是"男人的衣柜"，也就是海澜之家创办的初衷，打造属于男人的服装品牌。

　　⑤绿色：奢侈品品牌凭借着专属色，在大众心中留下了"见色起意"的条件反射的印象。复古风盛行的当下，原本已经黯淡的古驰近年又因辨识度极高的红绿织带"逆风翻盘"，尤其是那一抹内敛又华丽的古驰复古绿，在审美疲劳的当下无疑是一股清流（图6-12）。

　　世界上还有一种绿色叫"劳力士绿"，劳力士将绿色提升了一个新高度，绿色基本上贯穿了劳力士各大系列产品，成为尊贵的象征（图6-13）。

图6-12 古驰秀场照

图6-13　劳力士手表

（2）常用色的商业价值

常用色在一定范围内具有很强的使用性，是使用面广、应用持续时间长的色彩。常用色的形成不是偶然的，它是一定范围内的人们在生活中经过多方面的甄选而自然地接受并采用的，是符合人们普遍审美标准的色彩。

常用色也是很多服装品牌的生意色。跑步、瑜伽等一系列运动健康的理念已被越来越多的年轻人接受，它被视作一种与城市相区别的生活方式。在运动品牌中，黑、白、灰在每一季的新品中的占比都是最多的款式色彩，归根结底还是大家对黑、白、灰的痴迷。黑色或者白色往往在很多系列的大部分款式中都会有呈现。设计师通过对不同款式的色彩比例或色彩色调进行搭配，使黑、白、灰无彩色与其他彩色形成完整的系列色彩图谱。

（3）流行色的商业价值

流行色是在一定的时期和地区内，被大多数人喜爱或使用的几种或几组时髦的色彩，它是一个时期一定社会的政治、经济、文化、环境和人们心理等因素的综合产物，是一种趋势和走向，其特征是经济性、周期性和模仿性。流行色与人们生活的衣、食、住、行、用等各个领域息息相关，是商品竞争的手段。

华伦天奴2022秋冬系列进行了一次破格的全粉红流行色的创意实验。整个系列没有五颜六色的调色板，除了中性的黑色外，弥漫眼球的只有迷人的粉红色，采用蕾丝、马拉布羽毛、亮片、薄纱荷叶边以及刺绣等不同材质和工艺，通过纹理的对比，使简约的粉色调充满了多样性。

（4）品牌色、常用色、流行色的关系

在品牌形象设计和产品色彩架构搭建中运用品牌色、常用色和流行色，关键在于把握主色调，三者在品牌色彩形象中的应用比例表现了品牌的不同风格定位。

在产品设计中，品牌色通常是该品牌系列产品的主要用色，因为一定数量的同类色存在，能够营造浓郁的品牌氛围，而带有鲜明色彩文化的品牌服装产品将毋庸置疑会吸引消费群体的目光。

在企业制订色彩开发战略方案时，为了更好地将色彩应用到品牌形象中，要考虑三者不同的使用环境和适合场景，正确把握品牌色、常用色和流行色的商业价值，才能更好地帮助企业最大限度地减少色彩设计的风险性。

3. 不同产品波段的色彩方向及应用分析

产品设计企划需要针对不同季节波段的系列主题开发需求进行有序的规划，后序的设计才不会偏离方向。以下是针对不同季度的色彩方向进行专题色彩应用的分析。

（1）春季色彩印象及色彩方案

①春季色彩印象：轻柔、浪漫（图6-14）。

②春季专题色彩方案：春日限定。强调舒适度的套穿式运动服装，在面料和板型方面变得更加符合外出家居服需求，加入抽绳、口袋等细节为裤款增添新意，兼具舒适度和造型是设计重点。冰淇淋粉蜡色降低裤装过于严肃的正装感，应用于运动裤上则能体现甜美的休闲风格（图6-15）。

图6-14　春季色盘

图6-15　春日限定（图片来源：WGSN趋势网站）

（2）夏季色彩印象及色彩方案

①夏季色彩印象：活力、动感（图6-16）。

②夏季专题色彩方案：夏日糖果。糖果系色彩以及饱和度较低的冰淇淋色拥有令人愉悦、童趣梦幻的风格，多彩色的组合特别适合在社交媒体账号上的传播，可以通过明亮饱和色彩与粉蜡色的搭配，以更为实穿的方式呈现令人愉悦的视觉效果。作为明亮多彩色的组合，夏季色盘将快速吸引年轻消费人群的视线，通过大面积的色彩碰撞，打造简单、明快而又不失甜美的装扮（图6-17）。

（3）秋季色彩印象及色彩方案

①秋季色彩印象：自然、质朴（图6-18）。

②秋季专题色彩方案：秋日田园。鉴于消费者青睐使用寿命较长的单品和经久不衰的款型，所以传统款式依旧热度不减。以自然中性色调为主题的秋季色盘有助于服装呈现深邃考究的质感。随着可持续成为主流热点，这些经典写实的秋日色彩将有更强大的吸引力和生命活力（图6-19）。

（4）冬季色彩印象及色彩方案

①冬季色彩印象：清新、干净（图6-20）。

②冬季专题色彩方案：冬日映象。随着冬季运动的崛起，消费者对多功能冬季运动装燃起全新兴趣。羽绒服在冬季已成为真正实现商业可行性的最重要核心单品，利用以数字性能元素为基础的梦幻风格，尝试令人惊艳的外观，但要确保款式足够商业化，在城市或社交场合穿着不显得突兀（图6-21）。

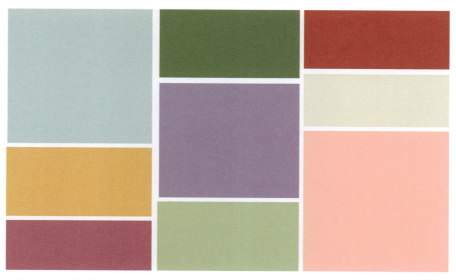

图6-16　夏季色盘

图6-17　夏日糖果（图片来源：WGSN趋势网站）

图6-18 秋季色盘

图6-19 秋日田园（图片来源：WGSN趋势网站）

图6-20　冬季色盘

图6-21　冬日映象（图片来源：WGSN趋势网站）

4. 目标消费群的色彩需求及应用分析

随着中国的经济腾飞，促使消费升级从而催生时代的新特色。通过分析中国不同世代消费者的情绪和需求，结合他们的成长背景，了解不同世代消费群体对色彩的需求理念，可以更好地在设计企划中对消费目标群体进行更精准的定位。

（1）婴儿潮世代的群体特征及主题色彩方案

①婴儿潮世代的群体特征。中国婴儿潮世代消费者（生于1950~1965年）正助推着中国的银发经济浪潮。现如今，从健康养生到旅游休闲，从饮食居住到美妆服饰，从银发网红到直播带货，几乎在各个商业领域及生活场景下，中国老年人的身影出现得越来越频繁。

虽然中国的千禧一代和Z世代经常受到媒体的关注，但比这两代人更年长些的消费者群体仍然具有相当的消费实力。新时期下，关注健康、热爱旅游、积极拥抱互联网、新国潮、多世代共生是中国新一代老年人的新价值观和优选项。

②婴儿潮世代的主题色彩方案——色韵东方。受益于互联网经济的发展，中式风在近几季强势回归，在国潮趋势下进一步发展升级，形式更为多样百变。以中性色为主的清雅色盘适合全身的单色造型，并以图案或细节的方式呈现，适合多年龄段的消费者，彰显银发一代对当下民族品牌以及传统文化的传承欣慰和消费认同（图6-22）。

图6-22 "色韵东方"色盘

（2）X世代的群体特征及主题色彩方案

①X世代的群体特征。中国X世代（生于1965~1980年）通常被称为"三明治一代"，他们要同时照顾自己的孩子和年老的父母。

据Inkling公司所述，当他们询问X世代哪些因素会让他们觉得自己生活得很快乐、很满足时，约67%的人认为身心健康最重要，约37%的人认为健康饮食最重要，约57%的人认为保持活力、多运动最重要。拥有健康，对X世代来说极其重要，他们的健康与他们居住的环境息息相关，这也直接影响着Z世代的消费观和消费抉择。

②X世代的主题色彩方案——柔和线条。简约色彩彰显着简单之美，也呼应着日益风靡的可持续、耐用性设计趋势，对于注重家庭健康的X世代消费者而言，该主题别具吸引力，这些朴素的色调搭配利落、挺括的科技感面料，打造出现代简约之美（图6-23）。

图6-23 "柔和线条"色盘

（3）千禧一代的群体特征及主题色彩方案

①千禧一代的群体特征。中国千禧一代消费者（生于1980~1995年），他们将主导未来10年的消费格局，其消费偏好正潜移默化地影响着整个消费群体的偏好与需求。有越来越多的中国千禧一代正在重新定位生活的重心，寻求多元而有意义的生活方式。"极简主义""自然环保与可持续""品质""小众"等理念将变得更受欢迎，品牌要顺应这种新的消费转变。

在中国，千禧一代正在成为居家经济的重要推动者，他们在健康美容、居家办公、家居内饰、宅家娱乐等领域创造了新的机会和设计点。

②千禧一代的主题色彩方案——植物迷彩。随着植物印花与设计感造型不断融合，花卉色彩与迷彩色调结合得恰到好处。革新工装造型及实用性主题的出现，灰调粉蜡色盘颠覆了常规印象，颇显自由新风尚（图6-24）。

（4）Z世代的群体特征及主题色彩方案

①Z世代的群体特征。中国Z世代消费者（生于1995~2010年）正在崛起。他们人口庞大，消费力惊人，在时尚、运动、游戏、奢侈品等多个领域贡

献着超高的市场收益。

Z世代热爱自拍，为了营造视觉上的生活方式，他们热衷于打卡网红店，打造超高颜值的产品和营销场景依然是获得Z世代好感的有效途径。很多年轻人表示他们花钱就是要让自己开心，而个人兴趣爱好就是让他们开心的重要来源，并且占据了他们大量时间和注意力。美妆、奶茶、手游、萌宠等新兴产业正试图打通所有潮流文化的通道，率先抓住Z世代消费者。

②Z世代的主题色彩方案——粉色复古。受复古室内装潢的褪色墙纸启发，复古提花织物和海滩怀旧印花带有褪色怀旧的质感，透过复古滤镜观察平凡物件和普通风景，符合反主流潮流和颠覆性基调。暖色调和彩色中性色搭配清新粉蜡色，让外观在怀旧彩色主题中保持清爽现代感，该潮流适合整个Z世代女装市场（图6-25）。

图6-24 "植物迷彩"色盘

图6-25 "粉色复古"色盘

（5）阿尔法一代的群体特征及主题色彩方案

①阿尔法一代的群体特征。在中国，阿尔法一代（生于2010年以后）的父

母多为千禧一代和Z世代群体。阿尔法一代是在社交媒体大爆发的环境中成长起来的一代人，他们从小就会自发地关注造型和时尚风格。他们拥有独到的品位、包容的心态和对体验的渴求态度，进而造就了中国阿尔法一代。与前几代人相比，他们的自主意识、时尚态度和购物标准会更高。"潮童经济"将会在中国市场持续发力，并渗透青少年教育、服饰、餐饮、休闲等各个领域。

②阿尔法一代的主题色彩方案——太空漫游。受游戏炫境和数字空间启发，活力四射的中间色调日益流行，采用颇具数字感的超现实吸睛色彩，尽情彰显阿尔法世代的积极乐观态度。翻糖粉与赛博色调相搭配形成强烈对比，打造适合元宇宙浪潮的数字新风尚，借此提升童装色彩的想象力和设计感（图6-26）。

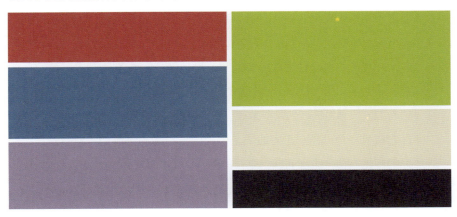

图6-26 "太空漫游"色盘

（二）服装市场营销中色彩营销的应用分析

1. 橱窗展示中的色彩应用

橱窗展示设计是指针对商业橱窗或具备橱窗功能的商业展示空间，通过营销学、传播学和艺术设计等专业方法，向消费者传递目标商业信息的行为过程。橱窗是展示品牌形象的窗口，也是传递新货上市以及推广主题的重要渠道。色彩在视觉营销中的作用越发凸显，掌握橱窗设计中色彩的应用成为橱窗设计非常重要的内容。橱窗设计是另一种艺术美感的体现，它是表现商品的载体，也是一道风景。

（1）橱窗中品牌形象的色彩应用

①色彩符号——黑白色：优秀的橱窗不仅要有好的构思、时尚元素的流露，还要有色彩上的冲击力，只有在色彩与形态上同时完美呈现，才有可能引起消费者的视觉兴奋，产生共鸣并留下深刻印象。香奈儿女士认为黑白色制服庄重

纯净，永远不会过时，也成了她日后女装设计的重要灵感来源。几乎在每年的秀场上都会看到类似的款式，同时在品牌橱窗设计中也能看到黑白经典配色。

②色彩符号——红色：品牌专属色彩能表达品牌历史与设计理念，除了直观地传达品牌元素、提高辨识度之外，色彩本身还具有自己的信息和含义。在挑选颜色时，品牌也会考虑颜色如何来传播自身形象、讲述品牌历史或设计理念。卡地亚（Cartie）走经典路线，以整齐优雅的蝴蝶结把外立面"包裹"起来，将商店变成了超大礼盒，其设计灵感源自品牌红色礼盒设计。整栋大楼系上红色缎带，即使百米之外，都会立即被这隆重的场面吸引，大楼上盘卧着一只金色豹子，正是卡地亚的经典品牌符号。

③色彩符号——橙色：品牌色是品牌的隐形资产，爱马仕也拥有品牌的标志性色彩"爱马仕橙"，所以在不同季节橱窗设计时，大多都会围绕着品牌色做色彩的延展和搭配。爱马仕是以马具起家，除了品牌色"爱马仕橙"，爱马仕的秋冬橱窗设计也给功能道具和氛围道具披上"暖色外衣"，让人们的视觉焦点聚集在暖色面积上，激发人们的购买欲望。

④色彩符号——驼色：色彩时尚永远占据着时尚的主舞台，复杂的世界离不开色彩的修饰，每个人都有自己喜欢的颜色，每个季节都有自己的色彩物语，有些颜色永远不会过时，对于时尚品牌巴宝莉来说，永恒的流行色莫过于驼色。驼色的自然气息非常强壮，它可以是岩石或沙漠的颜色。巴宝莉将驼色作为橱窗设计的基本色彩之一，展现出其高档、昂贵与时尚品位。

⑤色彩符号——蓝色：人们对事物的了解和接收的信息，有70%靠视觉，20%靠听觉，橱窗是陈列展示品牌形象的窗口，能最大限度地调动消费者的视觉神经，达到吸引消费者购买的目的。"蒂芙尼蓝"是纽约珠宝公司蒂芙尼所拥有的颜色俗称，为较浅的知更鸟蛋蓝，作为蒂芙尼的品牌基因色，被广泛应用于各种橱窗设计中。

（2）主题策划中的色彩应用

①假日类——圣诞节：圣诞季是奢侈品牌每年最繁忙的时期之一，对消费者来说，这也是非常适合购物的节日，可以漫步街头欣赏那些华丽的节日橱窗。某英文网站的数据显示，在2021年10月至11月期间，消费者对关键词"圣诞节橱窗展示"的搜索兴趣增长了118%。迪奥最新的圣诞主题结合了繁复精致的巴洛克风格和圣洁优雅的希腊式美学，橱窗里填满了白玫瑰、蔓藤花卉、狐狸、小鹿等装饰，仿佛一片冬日仙境。外墙饰以圣诞之星、藤蔓花藤点缀金色光芒，在精湛工艺的雕琢下栩栩如生。

②假日类——春节：商场将中国传统元素融入橱窗陈列，并与艺术家合作

创造故事性，彰显节日气息。经典的中国春节装饰如灯笼、年兽、桃花及古典建筑，都成为重要灵感。在红色的镂空隔断中藏入金色年兽，中庭有被红色竹林围绕的屏幕，在消费者以手机扫码后，屏幕上一长串的爆竹在触碰屏幕时点燃，营造出强烈的春节气氛。

③趋势类——环保与创新：零售商使用那些能够改善心情的展示装置，推崇环保的零售设计。地球计划（Project Earth）是塞尔福里奇（Selfridges）百货新推出的一项环保变革方案，旨在改变顾客的购物方式，该百货公司还打造了一系列生态橱窗展示，宣传强有力的环保信息。塞尔福里奇百货正致力于解决产品的材料问题，还推出了包括转售、租赁、重复充装和修理在内的购物新方式，为了呼应整体理念，这些展示装置都用了环保材料制作，例如纸浆底座和环保涂料。

④趋势类——科技赋能：视觉营销展示拥抱带有科技魅力的未来主义美学，结合了能在网上引起反响的实物质感和细节，打造酷炫的视觉效果。中国李宁快闪店Ning Space潮流空间，从店内颜色、材质、图案、灯光以及道具形态等多维度进行了全面包装，以产品为核心，通过空间动线布局与陈列手法相结合的方式，对李宁运动时尚概念进行深入诠释。

⑤趋势类——亲近自然：迪拜第二大购物中心的爱马仕门店橱窗用平面的纸张筑造一片立体的童话森林，萦绕着繁复又优雅的春日生机，取名为"森林居民"。这个橱窗主要是以森林里的蘑菇为灵感，颜色各异的蘑菇高低错落在草地上，折纸制成的地貌层层叠叠，树桩上的蘑菇色泽饱满而静谧丛生，遵循自然法则而生的森林居民们和平共处，并然有序。

⑥趋势类——东方元素：近年来，李宁最让人印象深刻的莫过于国潮风的设计，李宁也将国潮风延展到了门店设计上，成都宽窄巷子李宁旗舰店中，复古的房屋、砖瓦和飞檐设计以及红底白字的"中国李宁"LOGO凸显品牌符号，中庭挂上一排排的灯笼，用木质打造的围栏来划分休闲空间，同时带有"川"字、熊猫、竹子的典型四川元素的围栏装饰，让整个空间更加惬意舒适。

2. 服装陈列中的色彩应用

服装卖场中，色彩的运用涉及空间、环境、道具以及服装商品，服装的陈列方式是服装卖场设计中至关重要的环节。色彩在服装陈列运用中主要表现在色彩区块化布局和陈列色彩搭配两个方面。

（1）色彩区块布局

①形象区：形象区就是顾客从门外就能接触到的区域，离橱窗和入口很近，

是除橱窗外第二吸引顾客进店的重点区域，但试穿率不一定是最高的区域。形象区的主要功能是吸引顾客进店并留住顾客，但货品销售不一定是最高的区域，可以借助模特、道具、鲜艳的色彩来丰富形象区。

②畅销区：畅销区就是顾客进入店铺看完形象区后，再度引起顾客兴趣，并开始驻足停留的位置，顾客试穿机会比较多。畅销区的商品陈列通常呈现系列化，色彩特点是特定系列色彩应用，使消费者获得一个全面系统的印象。卖场陈列中畅销区通常会展示一个完整系列的色彩、款式、搭配的应用方案，尽可能地吸引消费者在该区域完成整套服装的搭配方案。

畅销区服装通常的陈列方法有：功能、风格相同，款式不同的服饰；面料、款式相同，颜色不同的服饰；种类不同，但可以相互搭配的服饰及饰品。

③平销区：平销区是店铺最深处的区域，需要顾客逛到最后才能看到，虽然是最深处，并不代表销售最差，不能忽视它的陈列细节，一定要处理得干净、美观、足够特别才能吸引客户走到这里。

（2）陈列色彩搭配

①渐变式：渐变式来源于色彩学中"色谱表"的渐变演绎，指运用同一色系不同深浅的颜色组合陈列，创造富有层次感的陈列效果。渐变法有上浅下深、左浅右深、前浅后深几种方式。比如：颜色由浅至深为米色—米驼色—浅驼咖—深驼咖。

②间隔式：间隔式也称"琴键式"，通过深—浅—深—浅这种间隔方法，营造规律和节奏，有跳跃感的视觉效果。间隔式适用于系列商品的侧挂展示。运用间隔式时色彩的对比要强烈，但不要超过两种色彩，可以使用"无彩色"和"有彩色"来进行搭配。比如：颜色由浅至深为深蓝—浅灰—浅棕—浅蓝—深灰—深棕。

③彩虹式：彩虹式也称"色相法"，用于产品色彩丰富的店面，可以将产品依照彩虹的颜色进行组合陈列。按彩虹色进行颜色分区，可以营造欢乐的氛围，整洁有序、洁白背景能更好地强调出色彩主题，使传递的信息连贯而清晰。彩虹色陈列适用于货品颜色比较多，风格较活泼、年轻的品牌。

④同类色：同类色服装陈列，即一个色系的陈列方式，色彩的彩度和明度不同的搭配使服装柔和温雅、具有层次感，视觉上看起来分区会很明显。

⑤类似色：类似色搭配给人一种柔和有秩序的感觉。色度相差30°~60°的颜色是类似色。同一衣杆上的货品一旦颜色相近，就可以形成一个色块，如果色块面积大则很容易调动顾客的情绪，会给人一种柔和的感觉。

⑥对比色：对比色是指色相环距离非常远的颜色相配，两个颜色之间对比

强烈，感觉是两个极端，比如黑色和白色，红色和绿色。对比色特点就是视觉冲击力大，故有时也称"强烈色"。在店铺空间及部分陈设小道具中，对比色的出现动感而抢眼，比较适合间隔排列法，两种以上的色彩间隔和重复产生了一种韵律和节奏感，使卖场中充满变化，使人感到兴奋。

3. 穿着搭配中的色彩应用

衣着是一种无声的语言，是一个人个性、品位甚至社会地位的象征，关系到人的外在形象。衣服的颜色往往给人强烈的讯息，人的感官对不同颜色的感受在生理上、精神上乃至心理上都会产生不同的反应。

参考消费者对不同穿着场景的认知印象，结合服装款式、色彩等进行搭配，可以更好地完成个人形象色彩风格的塑造。

（1）正式场合中的穿着搭配应用

在正式的商务场所，一般外套都是以黑、白、灰、深蓝的颜色为主，内搭衬衫是白色，在会客或者商务谈判中会给人一种严谨、专业、稳重的感觉，尽量避免用一些高饱和的红、绿颜色，会给人不稳重、轻浮的感觉。

正式场所的服装色彩应用可以参考COLORO九色域的色域2、色域3、色域6的色彩风格调性，给人稳重、有品位、严谨的色彩印象。

（2）社交场合中的穿着搭配应用

参加一些宴会、典礼等社交场合，尽量选择有质感的套装，男装主要用色是灰色、黑色、深蓝色，色彩特点是成熟、稳重、有格调，参加特别隆重的国际场合要求穿燕尾服等。女士通常选择暖色套装或晚装，给人热情、自信、成熟、浪漫的感觉。

社交场所的服装色彩应用可以参考COLORO九色域的色域3、色域4、色域6的色彩风格调性，给人浪漫、成熟、有格调的色彩印象。

（3）休闲场合中的穿着搭配应用

休闲场所的服装特点最重要的是自己舒服。服装款式可紧身，可宽松；服装质地以自然面料为主，如棉、麻等，做工必须考究细节；款式以时尚、个性、舒适为主，色彩可以选择自己喜爱的色调，整体给人轻松、休闲、天真、雅致、不拘小节的感觉。

休闲场所的服装色彩应用可以参考COLORO九色域的色域1、色域2、色域7的色彩风格调性，给人雅致、洁净、自然的色彩印象。

（4）运动场合中的穿着搭配应用

运动场所的服装特点主要体现个人的青春活力，对于特定的体育项目都有相应的服装要求。在高尔夫球场，适合穿Polo衫、长裤或短裙，服装色彩特点明快、轻盈；在打篮球的时候，适合穿宽松的无袖上衣或短裤，服装色彩特点偏动感、活泼、热烈；在足球场，适合穿紧身的袜子等，服装和配饰的颜色多为明快、热烈的饱和亮色或荧光色。

运动场所的服装色彩应用可以参考COLORO九色域的色域4、色域7、色域8的色彩风格调性，给人明快、动感、热烈的色彩印象。

（5）居家场合中的穿着搭配应用

新冠肺炎疫情的到来让人对"家"的定义有了转变。疫情后消费者也未减少购买居家服的需求，从灯笼慢跑裤、外出居家紧身裤套装、居家连衣裙到卧室的睡衣套装，这些为家居服品类扩大提供了发展的机遇，是品牌必须关注的款型。消费者将不断追求居家和日常造型之间的无缝衔接，以中性色调的成套家居服带来治愈感，并利用能和中性色轻松结合的花纱和水洗色彩作为搭配。

居家穿着的服装色彩应用可以参考COLORO九色域的色域1、色域2、色域5的色彩风格调性，给人舒适、简洁、休闲的色彩印象。

不同场合对穿着者的着装要求是不同的，一定要符合特定场所的服装风格，选择合适的服装搭配，才能更好地输出个人形象。

不同场合穿着的服装款式要求不同，对色彩的需求也有差异，COLORO九色域可以帮助用户更好地梳理衣着搭配中色彩的精准定位，帮助用户把握服装搭配的整体风格塑造。

结语

　　色彩是当今商业社会最有效的营销手段之一。随着色彩营销理论的发展与传播，色彩策略在企业营销活动中的运用越来越频繁，并将逐渐成为企业在激烈的市场竞争中获得竞争优势的一个重要手段。

　　本书通过深入剖析新媒体时代中国时尚行业的流行趋势，结合不同品牌的色彩案例应用，探索新媒体时代色彩营销对服装行业的重要影响，是服装类院校师生和喜爱服装色彩营销的社会人士值得参考和借鉴的一本新教材。

参考文献

[1] 下川美知瑠. 色彩营销 [M]. 陈刚，屠一凡，译. 北京：科学出版社，2007.

[2] 张剑峰. 服装卖场色彩营销设计 [M]. 北京：中国纺织出版社，2016.

[3] 日本色彩设计研究所. 配色岁时记 [M]. 北京：人民美术出版社，2012.

[4] 约翰内斯·伊顿. 色彩艺术 [M]. 杨继梅，译. 北京：北京科学技术出版社，2021.

[5] 菲利普·科特勒，凯文·莱恩·凯勒. 营销管理 [M]. 何佳讯，于洪彦，牛永革，译. 15版. 上海：格致出版社，2017.

[6] 赵平. 服装心理学概论 [M]. 3版. 北京：中国纺织出版社，2020.